重庆江綦高速公路建设
论文集

CHONGQING JIANGQI GAOSU GONGLU JIANSHE

LUNWENJI

《重庆江綦高速公路建设论文集》编委会　编

内 容 提 要

本论文集是对重庆江綦高速公路建设、施工、管理经验的详细总结，共收录论文25篇，内容涵盖项目管理、设计、施工、运营管理等多个方面。

本书可供国内外相关行业工程建设者学习、借鉴。

图书在版编目(CIP)数据

重庆江綦高速公路建设论文集/《重庆江綦高速公路建设论文集》编委会编. —北京：人民交通出版社股份有限公司，2017.11

ISBN 978-7-114-14312-0

Ⅰ.①重… Ⅱ.①重… Ⅲ.①高速公路—道路建设—重庆—文集 Ⅳ.①U412.36-53

中国版本图书馆CIP数据核字(2017)第271675号

书　　名：重庆江綦高速公路建设论文集
著 作 者：《重庆江綦高速公路建设论文集》编委会
责任编辑：李　坤
出版发行：人民交通出版社股份有限公司
地　　址：(100011)北京市朝阳区安定门外外馆斜街3号
网　　址：http://www.ccpress.com.cn
销售电话：(010)59757973
总 经 销：人民交通出版社股份有限公司发行部
经　　销：各地新华书店
印　　刷：北京市密东印刷有限公司
开　　本：787×1092　1/16
印　　张：10.25
字　　数：170千
版　　次：2017年11月　第1版
印　　次：2017年11月　第1次印刷
书　　号：ISBN 978-7-114-14312-0
定　　价：60.00元

綦江南

夏垻
ETC

前方施工
车辆慢行

永新 3
永城 50
南坪 80
其他车型

《重庆江綦高速公路建设论文集》

编 委 会

前　言

2010年，重庆2000公里“二环八射”高速公路路网建设成型。为打造西南综合交通枢纽核心城市，后又加快了“新千公里”高速公路建设。重庆三环高速公路是重庆3000公里高速公路的重要组成部分，而重庆江綦高速公路作为重庆三环高速公路的重要组成部分，承载着“一小时经济圈”重任，同时具有省际通道功能。项目起于江合路先锋互通，途经江津、綦江两区，经江津区先锋、西湖、贾嗣、夏坝、广兴，綦江区北渡、永新7个乡镇，止于渝黔高速公路綦江区南侧，全长48.4km。

重庆江綦高速公路项目于2013年4月12日开工，2016年9月23日交工，并于2016年9月27日通车试营运。自开工建设到项目交工验收，历时近三年半，实现了质量、安全生产“零”事故，属于重庆高速公路新千公里建设项目的首创工程。

为总结重庆江綦高速公路建设、施工、管理经验，重庆江綦高速公路有限公司从全体参建单位征集并筛选论文共25篇，涵盖项目管理、设计、施工、运营管理等多个方面的内容。

本书展示了重庆江綦高速公路全体建设者三年多来身处一线的辛勤工作成果，从生产中总结经验，并解决生产中大量的实际问题。本论文集针对性较强、参考性较好，希望能为广大公路建设者所参考借鉴。

在论文征集过程中，得到了各参建单位的大力支持和配合，广大参建人员积极踊跃投稿，在此表示衷心的感谢！

由于时间仓促，书中难免有不妥之处，恳请广大读者批评指正。

《重庆江綦高速公路建设论文集》编委会

2017年9月

目　　录

BOT + EPC 模式在江綦高速公路中的实践

敬世红　胡旭辉　龚　静

(重庆高速公路集团有限公司,重庆　401120)

摘　要:2010 年以来,重庆高速公路大量采用 BOT + EPC 模式,以重庆江綦高速公路为例,介绍了江綦高速公路 BOT + EPC 的运作流程,总结并分析了江綦高速公路采用该模式后在质量、安全、投资、进度和环保等方面取得的成效,可为该模式进一步推广提供参考。

关键词:江綦高速公路;BOT + EPC;实践效果

1　概述

2010 年,重庆"二环八射"近 2000km 高速公路基本建成后,重庆新的高速公路逐渐向边远地区延伸,项目面临桥隧比例更高、工程投资更大、投资回收期更长等难题。为加快新千公里高速公路建设,重庆大力推行 BOT(Build-Operate-Transfer,建设-运营-转让) + EPC(Engineering-Procurement-Construction,设计-采购-施工)模式,该模式率先在渝蓉高速公路和沿江高速公路主城至涪陵段中应用,在不断完善后逐步推广至铜永、丰忠、江綦、渝广、梁忠、酉沿和万利等多个高速公路项目。重庆新千公里高速公路 20 个项目中,有 17 个采用了 BOT + EPC 模式。

2　工程概况

2.1　项目概况

重庆江津至綦江高速公路(以下简称"江綦高速")是重庆三环高速公路的一部分,起于江合路先锋互通,经江津区先锋、西湖、贾嗣、夏坝、广兴和綦江区北渡、永新 7 个乡镇,止于渝黔高速公路,路线全长 48.4km。全线共有隧道 4 座,大中桥 29 座(金银峡大桥全貌见图 1),互通 6 座,服务区 2 对,桥隧比例约 33.8%,按照设计速度 80km/h、双向四车道高速公路标准建设。项目概算投资 47.2 亿元(含建安费 34.1 亿元),批复建设总工期为 3.5 年。

图1　跨綦江河金银峡大桥全貌

2.2　项目公司概况

按照重庆市交通委员会(以下简称"市交委")的投资人招标结果,由重庆高速公路集团有限公司(以下简称"高速集团")与葛洲坝集团第五工程有限公司(以下简称"葛洲坝五公司")共同出资组建重庆江綦高速公路有限公司(以下简称"江綦公司"),由其作为项目法人负责江綦高速特许经营期内的资金筹措、建设实施、运营管理、养护维修、债务偿还和资产管理工作。建设期江綦公司下设综合部、工程部、安全部、财务部等4个部门,共有管理人员20人,人员机构精简、高效;营运期员工人数约170人。

3　项目运作模式

为加快项目前期工作,江綦高速的施工图设计已由高速集团先行委托开展,因此项目的施工图设计未纳入投资人招标。2011年11月,市交委通过"BOT+施工总承包"一体化招标方式确定葛洲坝五公司作为投资人(施工总承包单位),并由市交委与葛洲坝五公司签订投资协议;高速集团作为市政府指定的特定投资人,持有江綦公司60%的股份,并与葛洲坝五公司签订合作合同,组建具有独立法人资格的项目公司(江綦公司);2012年7月市交委与江綦公司签订了BOT项目特许权协议,后由江綦公司与葛洲坝五公司签订了施工总承包合同。江綦高速BOT+EPC运作流程如图2所示。

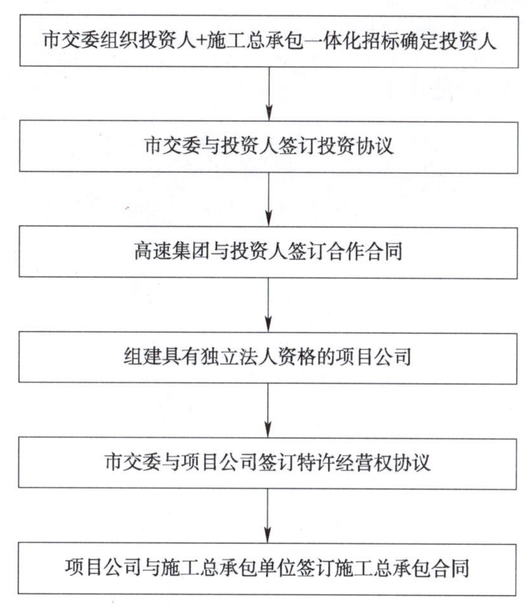

图 2　江綦高速 BOT + EPC 运作流程

4　BOT + EPC 模式的主要优点

4.1　扩宽融资渠道，有利于加快项目建设

江綦高速是重庆三环高速公路的一部分，属于区县连接线，虽然带有川渝黔通道功能，但项目投资回报周期仍然较长，纯粹的 BOT 模式不易招商，因此采用 BOT + EPC 模式，用施工总承包的利润来弥补投资人的收益，从而提高投资收益，有利于调动投资人的积极性，可加快项目招商引资，助推项目建设。按照江綦高速的批复概算，引入 40% 的股权后，高速集团可少筹集资本金 4.72 亿元、释放贷款 14.2 亿元，有效缓解了高速集团的资金压力，加快了江綦高速的建设。同时，项目采用施工总承包模式，合同价格原则上不可调整，鼓励施工总承包单位在施工过程中提出合理化建议、采用新技术等，由此带来的收益由施工总承包单位享有，有利于调动葛洲坝五公司的建设积极性。

4.2　整合项目资源，有利于发挥规模效应

在平行发包模式下，与江綦高速规模相当的项目仅土建工程就将被划为 5 ~ 10 个标段招标，而施工总承包模式下，整个项目由一个总包单位承建，由总承包下设五个分部组织施工，可充分发挥项目规模大、总承包单位统筹和资源调配能力强等优势。一是承包人只需参加投资人投标就承担了资质范围内的施工任务，可减少投标承包；二是总承包单位实行集约化管理，集中采购工程材料，确保材料质量、降低采购成本；三是减少施工项目部，降低管理成本；四是总承包采用了合同总价基本固定的模式，总承包单位通

过合理划分分部、优化施工组织设计等方式，降低工程成本，实现总承包管理的价值。

4.3 建管养一体化，有利于提升工程品质

公路建设项目的缺陷责任期通常为2年，保修期通常为3年，5年之后若发生质量问题，不同标段的施工单位之间容易发生交叉干扰矛盾，建设业主向原承包人追责的难度极大。在BOT+EPC模式下，项目由一个单位负责施工，而且负责施工的单位还将在特许经营期内继续分享BOT的收益，暨葛洲坝五公司既是江綦高速的施工总承包单位，也是江綦公司的股东，发生质量问题时的追责也十分方便。因此，总承包单位施工过程中必然会主动强化质量意识，注重工程的耐久性，不断提高项目品质。

4.4 减少业主工作量，有利于精细化管理

在以往的平行发包模式下，与江綦高速规模相当的项目业主需要管理土建、路面、交通工程、机电、绿化及房建等不同专业的施工单位，总数量约为20家，同时也需协调若干家材料供应商，前期招标任务繁重，过程中协调工作量巨大，变更审批压力大。BOT+EPC模式下，江綦公司只需进行一次施工监理招标，施工单位只有一个总承包单位，施工总承包合同需审定金额的变更少，参建单位少，协调工作量大大减少。江綦公司可将管理重心投入到提升项目建设理念、完善项目质量安全监管管理体系、提前谋划项目经营开发等方面。目前江綦高速的工程品质、景观绿化效果（图3）、梨花山特色服务区和施工过程安全监管等都是同批项目中的典范。

图3 施工期间绿化景观实景

4.5 缩减招标变更数量，有利于减低腐败风险

近年来，交通行业出现的腐败问题多与工程招投标和变更环节有关。平行发包模式下，与江綦高速规模相当的项目招标次数多达10余次、施工及采购合同可能数十份，变更可能达到上千个，如何缩减招标和变更数量变成了建设管理者需探索解决的课题。

采用 BOT + EPC 模式后，因为施工单位已由市交委连同投资人一体化招标确定，江綦公司仅需进行一次施工监理招标，且施工总承包合同总价基本固定，需调整合同价格的开口变更相对较少。因此，招标和开口变更的数量急剧减少，有效压缩了腐败滋生的空间，腐败风险得到有效控制，也有利于提升交通行业的形象。

5 江綦高速实践效果

2010 年以来，重庆新千公里高速公路 20 个项目中，有 17 个项目采用 BOT + EPC 模式，第四个千公里基本采用了 BOT + EPC 模式。目前重庆高速公路已有 14 个采用 BOT + EPC 模式的项目建成通车，各项目在进度、投资、安全、质量和环保等方面基本达到了预期效果。江綦高速作为其中的代表，在 BOT + EPC 实践方面取得了显著成效。

(1)建设进度方面。项目于 2013 年 4 月开工，2016 年 9 月建成通车，建设期内在经历了高温、旱涝等极端天气的情况下，较批复工期提前通车。

(2)投资控制方面。按照目前已发生的变更估算，在考虑开口变更的前提下，江綦高速的建安费投资低于概算批复的建安费，项目投资得到了有效控制。

(3)质量方面。江綦高速在建设期内的一次性抽检平均合格率连续 3 年居全市前茅，项目交工检测率达 98%。

(4)安全方面。项目在近 4 年的建设期内未发生死亡事故，实现了“零”死亡，树立了平安工地的典范。

(5)绿色公路方面。项目通过统筹组织，在通车时就实现了“抬头见绿，四季有花”的绿色生态景观高速公路，成为“绿色生态工程”典范，并获评重庆市首批“最美高速路”。

参 考 文 献

[1] 王云涛，敬世红.“BOT + EPC”模式下公路工程概算编制问题分析[J]. 公路交通技术，2013(1):146-151.

[2] 胡旭辉，杜国平，孙立东，等. 基于 PPP 的 BOT + EPC 模式在重庆高速公路建设中的应用[J]. 公路交通技术，2015(3):141-144.

江綦高速公路钢箱梁桥设计

肖　雨[1]　敬世红[2]　梁　健[1]　田　波[1]　唐　康[1]

（1. 四川省交通运输厅公路规划勘察设计研究院，成都　610041；2. 重庆江綦高速公路有限公司，重庆　401147）

摘　要：钢箱梁桥是重庆江綦高速公路三座跨高速公路互通（綦江互通跨越渝黔、母家湾互通跨越渝黔和綦万、先锋互通跨越江合高速公路）所采用的主要桥梁结构形式。本文介绍了该桥梁结构设计思路、要点，论述了设计过程中采用和开发研究的设计、施工新技术。

关键词：钢箱梁桥；桥梁设计；施工方法

1　概述

重庆江津至綦江高速公路是重庆三环高速公路的重要组成部分。它连接了一小时经济圈中的两个大城市，加强了重庆主城周边重要区县之间以及小城镇之间的交通联系，缓解了重庆主城过境交通的压力，对增强高速公路网的辐射功能起到了重要作用。

先锋互通位于路线起点，为实现江綦高速公路与江合高速公路之间的交通转换而设。綦江枢纽互通位于路线止点，是实现江綦高速公路与渝黔高速公路交通转换的重要节点。为了减少对正在营运的江合及渝黔高速公路的干扰，跨越高速公路的桥梁均采用钢结构。

2　结构设计

2.1　总体设计

钢箱梁采用简支结构。按跨径不同，分别有跨径 50m 的简支钢箱梁、主跨 55 ~ 60m 不等的连续钢箱梁。为增加钢箱梁的刚度和提高其使用性能，梁高采用跨径的 1/22。

桥面横向分两片，通过调整箱间距适应不同的桥面宽度。跨径为 60m 的简支钢箱梁，梁高为 2.7m；其余均采用跨径 55m 的简支钢箱梁，梁高 2.6m。10.5m 宽钢梁横向分片如图 1 所示。

钢箱梁（图 2）按不同跨径和宽度采用横向分片、纵向分段的形式划分吊装节段。

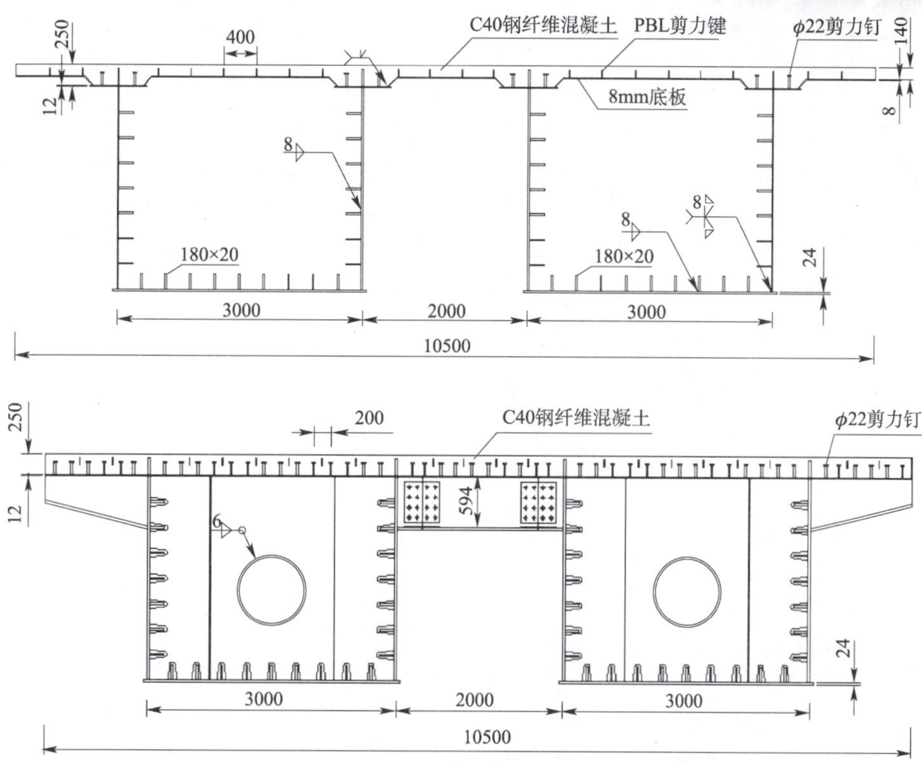

图1　10.5m 宽钢梁横向分片示意(尺寸单位:mm)

图2　钢箱梁照片

2.2　构造设计

(1)面板与加劲肋

钢箱梁横向分为两片独立的箱梁结构,横向通过横隔板连接成整体。底板宽度为3m。钢箱梁顶板为10mm厚的钢板,通过PBL剪力键和剪力钉与现浇的钢纤维混凝土形成钢-混凝土组合桥面板。腹板为20mm厚的钢板,钢箱梁底板在距离端部16m的范围为16mm厚的钢板,在跨中18m的范围采用20mm厚的钢板。

(2)横隔板及横联

每片钢箱梁每隔3m设置一道横隔板;在支承处设置两道横隔板。在支承处横隔板的位置设置两道10mm厚的竖向加劲肋。钢箱梁在底板、腹板及顶板沿纵向设置纵向加劲肋,加劲肋分别采用10mm、20mm及10mm厚的钢板。

(3)节段连接

钢箱梁节段连接采用全焊方式。钢箱梁节段吊装就位后,拧紧临时匹配件螺栓后,再焊接横向环焊缝和纵肋、板肋嵌补段。

(4)预拱度的设置

主梁预拱度由恒载和部分活载叠加而成。

(5)匝道桥边跨支座负反力的处理

对于平面上处于小半径曲线内的箱梁,边跨支座可能出现负反力,采用安装拉压支座的方式处理。

2.3 主要计算成果

以跨径最大的綦江互通A匝道桥为例,桥面全宽10.5m,由两片钢箱组成,主梁跨中梁高2.7m。主梁一般构造如图3、图4所示。

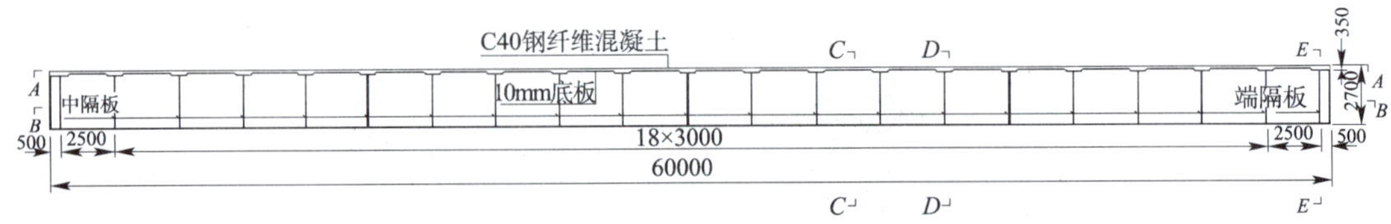

图3 钢梁立面图(尺寸单位:mm)

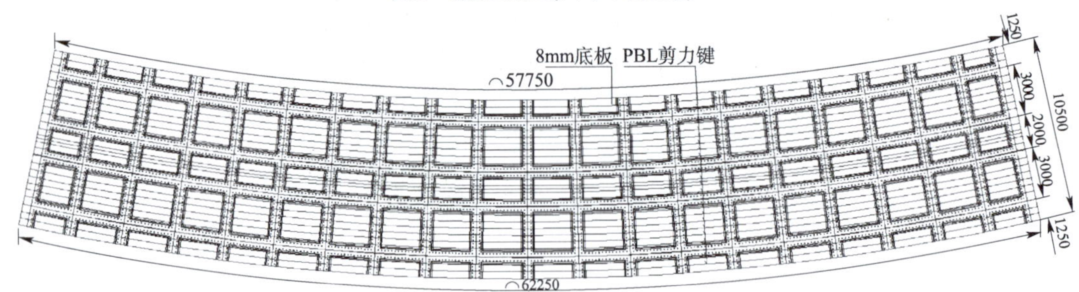

图4 钢梁平面图(尺寸单位:mm)

计算模型如图5所示。

(1)应力结果见图6~图14。

钢箱梁各构件的最大正应力、剪应力、Mises等效屈服应力均满足规范要求。

(2)刚度验算。钢箱梁运营阶段主跨跨中活载最大竖向位移5.8cm,为跨径的1/1034,表明桥梁具有良好的刚度。

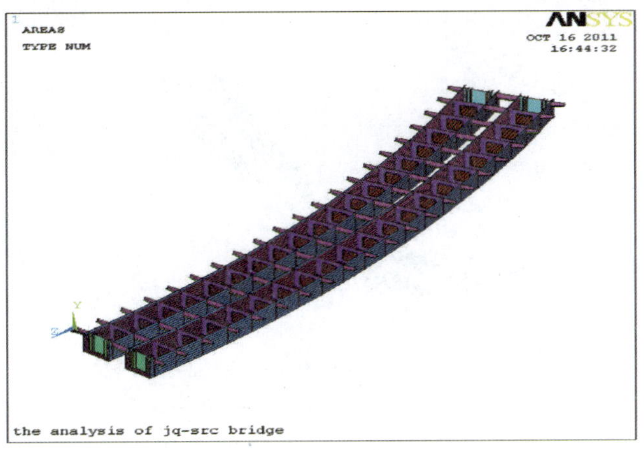

图5　计算模型

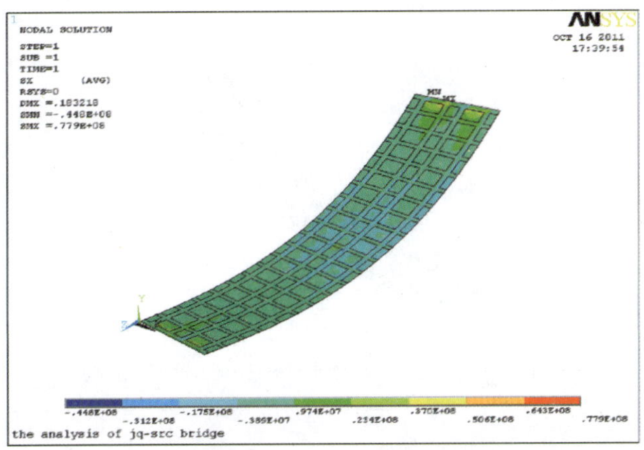

图6　钢箱顶板横向正应力云图

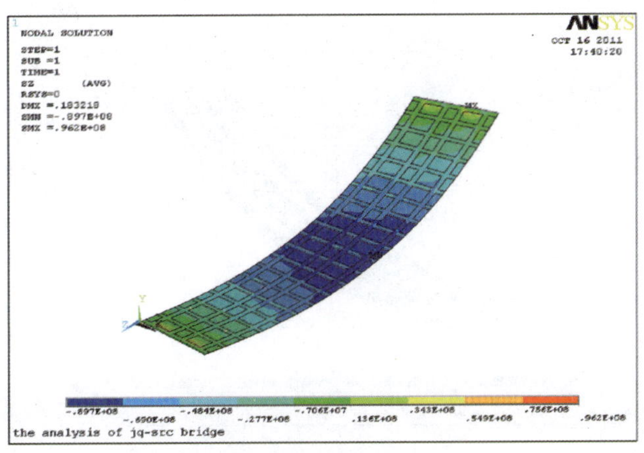

图7　钢箱顶板纵向正应力云图

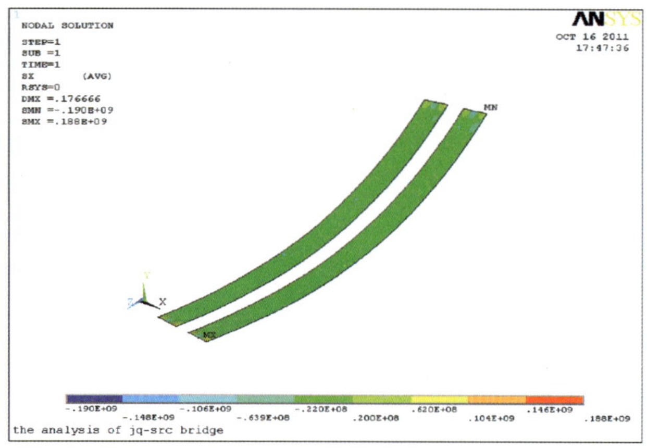

图 8　钢箱底板横向正应力云图

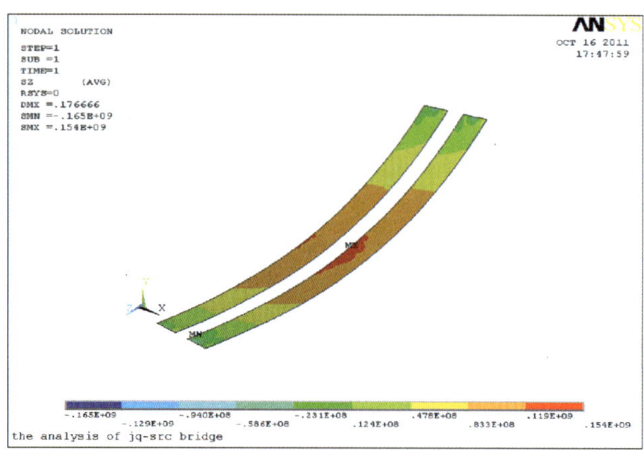

图 9　钢箱底板纵向正应力云图

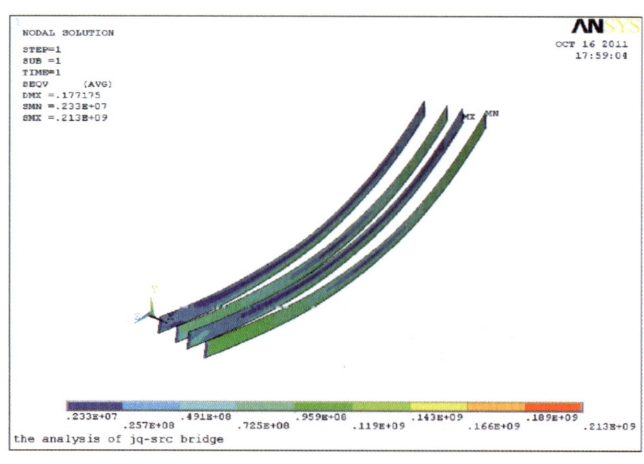

图 10　钢箱腹板 Mises 应力云图

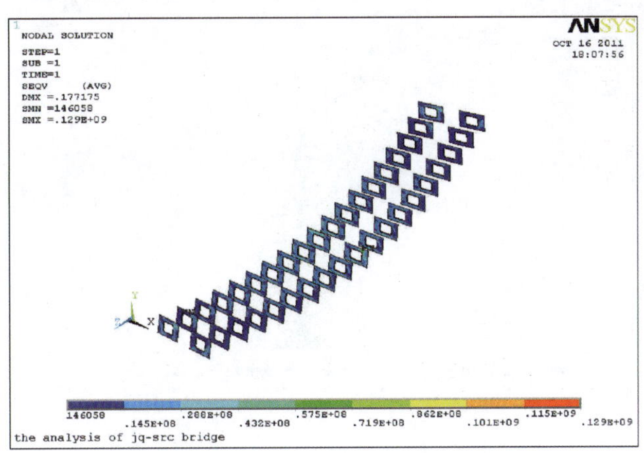

图 11　钢箱横隔板 Mises 屈服应力云图

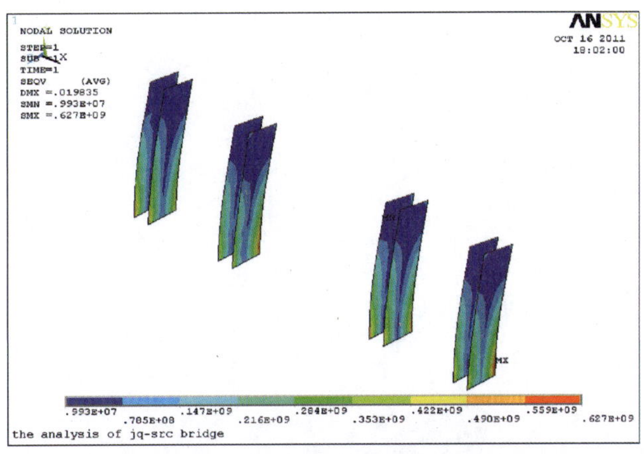

图 12　钢箱支座横隔板 Mises 屈服应力云图

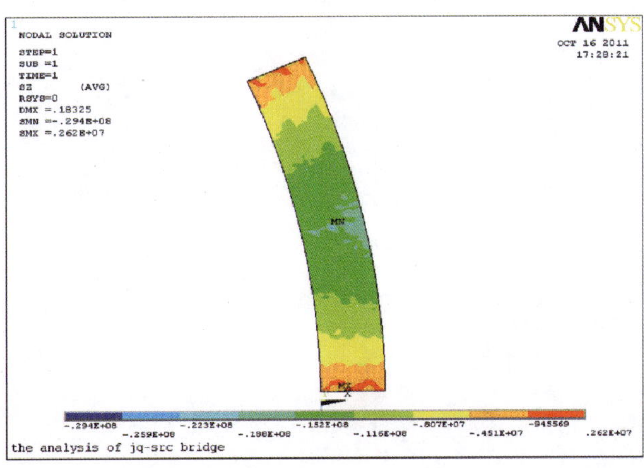

图 13　混凝土桥面板纵向应力云图

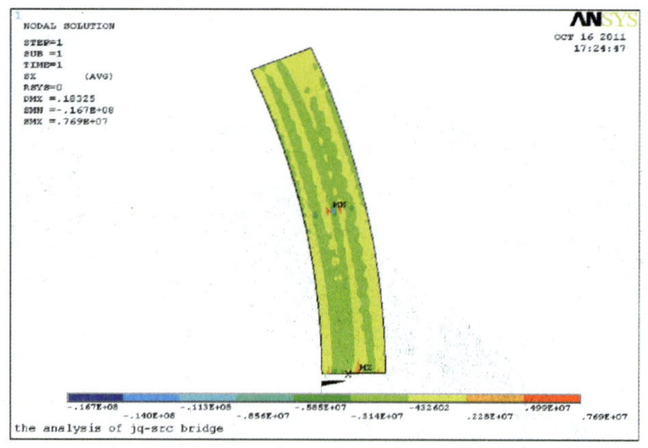

图 14 混凝土桥面板横向应力云图

3 施工方案设计

施工采用纵向分段、横向分片(图 15、图 16)工厂加工,运输至现场吊装到位后,在支架上完成纵向和横向连接如图 17、图 18 所示。

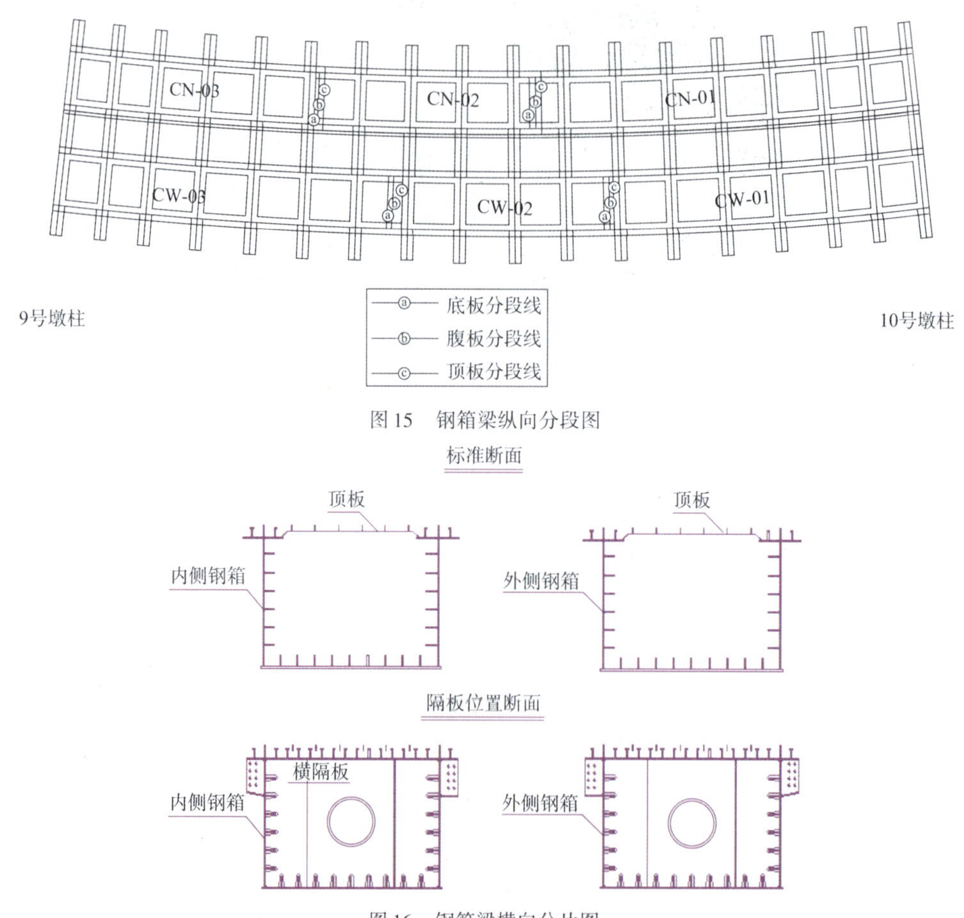

图 15 钢箱梁纵向分段图

图 16 钢箱梁横向分片图

图 17　钢箱梁施工照片(一)

图 18　钢箱梁施工照片(二)

4　主要设计特色

4.1　使用性能优

本设计采用 $L/22$ 的较大梁高,同时在钢板材质、钢板厚度、加劲肋的设置等方面进行优化比较,有效增加了钢箱梁的刚度,提高了桥梁的使用性能和行车的舒适度。

4.2　耐久性好

桥面由钢箱梁体和正交异性(钢-混凝土)组合桥面板组合构成,钢箱梁体顶板(兼作桥面板底板)为 10mm 厚钢板,通过 PBL(带孔板)剪力键和剪力钉与现浇的钢纤维混凝土形成正交异性(钢-混凝土)组合桥面板。这种组合桥面板既有混凝土桥面板耐久性好、用钢省的优点,又有钢桥面板重量轻、施工快捷的优点。

4.3 易于施工

钢箱梁在横向分小箱,使结构自身在运输和吊装过程中形成闭合截面,不易发生变形和失稳,因此不增设临时构件,施工简便快捷,质量易控制。

对于跨越已建成高速公路的桥梁施工,混凝土结构施工需要搭设满堂支架,压缩高速公路通行断面,对高速公路运营影响较大。同样跨径的组合钢结构,采用工厂预制,现场吊装,钢箱梁形成后,再现浇桥面板,对高速公路影响已经降到最低。且施工周期较短,通过江綦高速公路的实践,对于跨越建成高速公路的结构形式可以推广。

4.4 经济比较

组合钢结构与传统的混凝土结构相比较,用钢量较混凝土结构增加,但自身结构重量较轻,结构尺寸较小,造型轻盈。二者造价对比见表1。

同样60m跨径的传统混凝土结构和组合钢结构箱梁造价对比表　　表1

结构形式	混凝土用量 (m^3/m^2)	钢材用量 (kg/m^2)	预应力钢绞线 (kg/m^2)	总造价 (元/m^2)
传统混凝土结构	0.82	196	19.3	4680
组合钢结构	0.16	540.4	0	4800

4.5 社会综合效益比较

我国交通行业近年来一直是能源、材料、水和其他资源的使用"大户",发展推广应用钢结构完全符合国家着力提倡建立节约型社会的倡议,符合当前国家对交通行业提出的可持续化发展的要求。组合结构具有的"轻、快、好、省"的四大特性。轻——组合结构具有轻质高强性。组合结构的重量是钢筋混凝土结构的50%左右。快——组合结构的工业化程度高,工期短。在同等条件下,组合结构与钢筋混凝土结构施工工期相比,组合结构仅是钢筋混凝土结构的1/3～1/2。好——组合结构材性好,可靠性高。在国内外的历次地震中,钢结构是损坏最轻的结构,已被公认为是抗震设防地区特别是强震区的最合适结构。省——单纯从目前材料的价格上看,组合结构比混凝土结构的造价要高,但组合结构比混凝土结构建设速度要快50%左右,这会节省很多时间成本,而且整体重量也比混凝土结构轻50%以上,这样基础处理、运输量的成本都会下降。桥梁工程是一个系统工程,包括设计、制造、运输、安装、维修和管理等诸多环节,因此,从整体上看,组合结构更"省"。此外,钢材具有可回收再利用的特点,相对于目前普遍使用的其他建筑材料,其最有利于节能、节材、节水和节地。

我国给绿色建筑的定义是"指在建筑的全寿命周期内,最大限度地节约资源(节能、节地、节水、节材),保护环境和减少污染,为人们提供健康、适用和高效的使用空间,与自然和谐共生的建筑。"显然,推广组合结构在交通行业中的应用,无疑符合绿色建筑的理念。而建成通车的江綦高速公路在这方面已经走在了前面。

5 结语

随着我国城市交通的发展,更多的跨线桥、高架桥、立交桥必将兴建。钢箱梁以其安装便捷、架设迅速、对周边交通干扰小等特点,越来越多地在跨越已建成高速公路中得到运用。江綦高速公路钢箱梁通过在使用性能、耐久性、可施工性能及社会综合效益的研究和实践,为今后同类桥梁在高速公路建设中的应用提供了有力的技术支持,为此类桥梁的发展做出了贡献。

参考文献

[1] 高立强,蒲黔辉,施洲. 钢箱梁用于公、铁桥梁时正交异性板疲劳敏感部位应力比较[J]. 公路交通科技,2011(11).

[2] 周前进,廖红成,彭鹏,等. 城市道路双层高架桥钢箱梁现场安装工艺技术的研究应用,2012 中国钢结构行业大会论文集[C]. 绍兴,2012.

江綦高速公路绿化景观设计探讨

包曙光[1]　汪建宇[2]　杨国超[1]

（1. 四川省交通运输厅公路规划勘察设计研究院，成都　610041；2. 重庆江綦高速公路有限公司，重庆　401147）

摘　要：本文在分析总结重庆以往高速公路绿化景观设计的理念及发展瓶颈基础上，全面地介绍了重庆江綦高速公路绿化景观的理念突破及创新设计，以及所取得的较好的实施效果和良好的社会、经济效益，在此基础上系统总结了江綦高速公路绿化景观的成功经验，为今后重庆地区，尤其是我国山区高速公路绿化景观的设计、实施，提供了一套可借鉴的技术路线。

关键词：江綦高速公路；绿化景观；突破；创新

1　概述

高速公路是重庆的重要窗口和门户。防止水土流失、保护和恢复路域范围内生态环境、打造绿色高速公路、提高高速公路的使用效果、更好地发挥高速公路的各项功能一直是重庆市高速公路建设的重要指导思想。随着重庆“二环八射”的建成，重庆高速公路的绿化景观取得了辉煌成就，并总结了一套适于重庆地区高速公路建设的绿化景观设计、实施经验，基本实现了“保护边坡稳定，让高速公路边坡免受雨水冲刷而垮塌；恢复施工期间破坏的路域环境；美化路域景观，提高行车的舒适度；净化汽车尾气，提高环境质量；确保行车安全”等功能。

随着重庆新千公里高速公路的陆续建设，绿化景观设计与实施遭遇了发展瓶颈，无创新和突破，且实施效果也不尽理想。此时，正逢重庆三环高速公路江津至綦江段（以下简称江綦高速）建设中期，项目业主（重庆江綦高速公路有限公司）结合现状及土建实施情况，按照重庆市交通委员会施工图审查意见精神深化了江綦高速绿化景观设计，做了专项设计。

设计结合江綦高速特点、景观要素组成、土建动态实施情况，大胆提出了“抬头见绿、四季有花”绿化景观理念，并在植物选取、规格选用、栽植模式、验收方式等方面作了创新和突破，取得了较好的实施效果。

2　江綦高速绿化景观的要素组成

江綦高速是重庆三环高速公路的重要组成部分，承载着“一小时经济圈”重任，集

“环线高速、跨江沿江高速和山区高速”特点为一身。

2.1 自然条件

江綦高速具有四季分明、雨量充沛、无霜期长、盛夏高温的气候特点；路线穿越了綦江河、笋溪河、清溪河等水系；沿线以陆湖沉积相的砂岩、泥岩和粉砂岩为主的软质岩出露最广；土壤类型是大面积分布的水稻土、紫色土和冲积土，零星分布黄壤土；植被资源以亚热带常绿针叶林和次生杂木林为主。

2.2 历史文脉

江綦高速连接的江津是著名的红色旅游城市，有聂荣臻元帅陈列馆、陈独秀故居等红色旅游景点；綦江是闻名遐迩的中国农民版画之乡；沿线还分布有中山古镇等古镇文化。

2.3 景观分布

江綦高速最具特色的路域景观为沿江、跨江景观，并串联起了四面山和古剑山等生态自然景观。

了解江綦高速所跨区域的自然、地貌情况和历史、文化等特点，有助于把握沿线景观的状态，有助于挖掘项目沿线的人文景观线索，有助于江綦高速景观布置的宏观控制和统筹安排。

3 江綦高速绿化景观的创新设计

3.1 原则的把握与定位

江綦高速的绿化景观设计较好地把握了“使用功能为首要，安全至上为前提，因地制宜为核心，环境保护为基础，美学理论为指导，风格鲜明为特点，兼顾效益为目的”的设计原则，并确定了“亮点突出，创江綦特色” 的绿化景观定位。

3.2 理念的突破与创新

重庆高速绿化景观建设理念从最初的“建绿色通道”“生态保护与恢复”，发展到“景观、生态高速公路”，并在重庆绕城高速公路上提倡“自然、协调、和谐、环保”，理念达到了全新高度。自此，在重庆后续高速公路建设实施中，无理念的突破和创新。

江綦高速在总结重庆以往高速公路绿化景观理念中发现，因高速公路的绿化景观需兼顾安全性、功能性、动态性、多样性和粗放性等多重属性，理念一直停留于“四季常青、三季有花”等目标上。江綦高速率先大胆提出了“常年见绿、四季有花”的绿化景观

理念，发掘和尝试市政园林植物，引用适合重庆地区的冬季开花植物，如蜡梅、山茶花以及冬季开花的野花组合和菊类植物，并在设计中通过“开花色叶植物季相表”的形式展现各季节的开花植物选用及搭配情况。

3.3 构思的提炼与成型

江綦高速绿化景观采用“一廊、四区、多节点”的空间层次进行构思提炼，并最终成型。

一廊：指景观廊道，道路空间、视域空间的综合带状绿化空间，并充分利用多次跨越綦江河特点，打造跨江、沿江景观高速。

四区：指景观序列，将全线划分为“田园风光、生态自然、沿江画廊、峰林景观”四个景观段。通过植物选用、重点景观特色打造等相结合，达到每个景观段既有相互融合，又各有特色。

多节点：指通过互通区、隧道口、收费站区、停车区、服务区等重要节点的景观营造，体现江綦高速景观空间序列的亮点和特色。

最后，采用“尊重自然、师法自然”等设计手法，结合植物的开花色叶等季节变化，达到“绿化＋彩化＋通透化＋文化”的绿化景观效果。

3.4 设计的亮点与特色

(1)层次丰富。江綦高速的各部位绿化设计抛开以往设计中的单调、冗沉，进行了深入的思考并加入创意，保证了绿化效果的鲜明和特色。如：

①路堑边坡，增加了各类草花组合撒播和种植，包括各种菊类和野花；增加了大量颜色多样(洋红、紫、粉色)的三角梅栽植等，保证一年四季路堑边坡上均有各种颜色的小花开放。

②边沟平台，灌木规格由以往的冠径 1m、高 1m 调整为冠径 1.2m、高 1.2m，呈球形灌木栽植；在碎落平台处增加绿篱式栽植模式，中间间隔，由以往的撒播植草调整为撒播野花组合；碟形边沟路段按绿篱式栽植月季等，以突出视觉效果，增加观赏性。

③行道树，由以往的栽植两排常绿乔木的设计思路调整为，栽植一排开花乔木和一排常绿乔木，栽植规格和密度适当增加；坡面由以往的撒播紫花苜蓿调整为，撒播草、灌、花组合，开花与常绿搭配，避免单调，且增强立体感。

④填挖交界，栽植大规格的球状九重葛和藤本蔷薇(长 150cm)，突出过渡段的景观视觉效果。

⑤中分带，将小乔木单株栽植调整为纵向间距 1m、连续 4 株行列式栽植，突出视觉

效果;加密防眩矮灌木的栽植密度和规格,快速达到防眩使用功能;分段栽植色叶灌木、红叶石楠和千层金,减少审美疲劳。

⑥互通、隧道洞口和场坪区,栽植开花果树如柑橘、梨树、桃树、樱桃树,利用花开果红,实现点缀;增加开花乔木种类及数量,尤其是增加了冬季开花的蜡梅及山茶花,增添了冬季的暖意和祥和。

(2)植物多样。江綦高速采用的植物种类近60种,其中开花种类达28种以上。各部位及段落绿化植物搭配情况详见表1。

绿化专项设计主线植物一览表　　表1

<table>
<tr><th rowspan="2">合同段</th><th rowspan="2">中央分隔带</th><th rowspan="2">碎落
边沟平台</th><th colspan="2">路堤边坡及行道树</th><th>填挖交界处</th><th rowspan="2">主线两侧
开花植物</th></tr>
<tr><th>开花乔木</th><th>常绿或开花
变色乔木</th><th>花灌木</th></tr>
<tr><td rowspan="2">JQ01</td><td rowspan="2">开花乔木:木芙蓉
灌木:毛叶丁香
地被:麦冬</td><td rowspan="2">开花乔木:黄花槐
大灌木:海桐球
绿篱:美人蕉
点缀花灌:月季(碟沟)
地被:野花组合</td><td>紫玉兰
(干6cm)</td><td>小叶榕
(干10cm)</td><td rowspan="2">球状九重葛
藤本蔷薇</td><td rowspan="8">红叶李(春)
紫玉兰(春)
紫薇(夏)
广玉兰(夏)
美人蕉(夏)
绣球(夏)
藤本蔷薇(夏)
月季(夏、秋)
球状九重葛(夏、秋)
木芙蓉(秋)
黄花槐(秋)
羊蹄甲(秋)
红梅(冬)
四季栀子(四季)
野花组合(四季)
开花种类:15种</td></tr>
<tr><td colspan="2">草、灌、花组合</td></tr>
<tr><td rowspan="2">JQ02</td><td rowspan="2">开花乔木:紫薇
灌木:蚊母
地被:麦冬</td><td rowspan="2">开花乔木:红叶李
大灌木:毛叶丁香球
绿篱:四季栀子、绣球
点缀花灌:月季(碟沟)
地被:野花组合</td><td>木芙蓉
(干6cm)
红梅(干6cm)</td><td>天竺桂
(干10cm)</td><td rowspan="2">球状九重葛
藤本蔷薇</td></tr>
<tr><td colspan="2">草、灌、花组合</td></tr>
<tr><td rowspan="2">JQ03</td><td rowspan="2">开花乔木:木芙蓉
灌木:毛叶丁香、蚊母
地被:麦冬</td><td rowspan="2">开花乔木:黄花槐
大灌木:海桐球
绿篱:蚊母、绣球
点缀花灌:月季(碟沟)
地被:野花组合</td><td>羊蹄甲(干6cm)
红梅(干6cm)</td><td>香樟(干10cm)</td><td rowspan="2">球状九重葛
藤本蔷薇</td></tr>
<tr><td colspan="2">草、灌、花组合</td></tr>
<tr><td rowspan="2">JQ04</td><td rowspan="2">开花乔木:紫薇
灌木:蚊母</td><td rowspan="2">开花乔木:红叶李
大灌木:毛叶丁香
绿篱:四季栀子、绣球
点缀花灌:月季(碟沟)
地被:野花组合</td><td>木芙蓉
(干6cm)</td><td>广玉兰
(干10cm)</td><td rowspan="2">球状九重葛
藤本蔷薇</td></tr>
<tr><td colspan="2">草、灌、花组合</td></tr>
</table>

(3)四季有花。通过多种开花植物的选用,保证了江綦高速上每个季节均有3种以上的开花植物。如春季有:南天竹、迎春、火棘、红叶李、桃树、梨树、樱桃树等9种;夏季有:多花木兰、栀子花、月季、美人蕉、绣球、九重葛、蔷薇、紫薇、紫玉兰、黄果兰、广玉兰、蓝花楹等14种;秋季有:九重葛、黄花决明、木芙蓉、黄花槐、桂花、羊蹄甲等8种;冬季

有:野花组合、四季栀子、山茶花、红梅等4种。另外通过栽植银杏、红枫、意杨、红叶杨、红叶石楠、金叶女贞等色叶植物,实现秋冬季节的色叶变化。

(4)创新尝试。植物选用上,尝试栽植园林植物,如绣球、四季栀子、月季、球状九重葛、藤本蔷薇等;运用各种菊类和野花组合,达到各季节的色彩搭配;采用经济果树,如柑橘、桃树、梨树、樱桃树,利用花开果红丰富四季有花;引用蜡梅、山茶花等,保证冬季有花。栽植规格上,适当增加行道树、边沟平台的乔灌木植物规格,加密中分带栽植密度和高度等,保证短期内达到防眩效果及使用功能。如中分带灌木栽植密度由以往的2m和1m调整为间距0.8m,同时灌木高度由1.4m调整为1.5m。栽植模式上,通过在边沟平台增加绿篱式栽植常绿或开花小灌木,形成"层次丰富";中分带以行列式4株栽植开花小乔木,实现"视觉诱导";填挖交界段增加球状九重葛和藤本蔷薇,使其"过渡自然";地被撒播由以往的单一撒播植草改用撒播草、灌、花组合,达到"立体效果"。

(5)控制造价。江綦高速在绿化专项设计中,植物栽植规格虽适当增加,丰富了栽植层次和植物品种,但始终贯穿了"因地制宜、适地适树"的核心思想,未采用高档名贵树种,以控制造价和节约为宗旨,最终将绿化景观工程造价控制在批复预算内,并通过渝黔高速公路产权内树木的移栽等方式,节约造价134万元。

4 江綦高速绿化景观的实施效果

4.1 顺畅、优美的线形景观

江綦高速全线平、纵面指标均衡,线形连续、顺畅、优美,与沿线地形相适应,与周围环境相协调,有利于车辆安全、高速行驶,见图1。根据运行速度检验,全线小客车运行速度均大于100km/h,110~120km/h的运行速度路段超过47km,超过路线全长的97%。

图1 顺畅、优美的线形景观

4.2 耐久、舒适的路面景观

路面对行驶在公路上的驾驶员和乘客来说,是占据视野的重要景观要素。江綦高速的路面除考虑其强度和耐久性,统一采用玄武岩作为磨耗层材料外,还考虑了其在美化景观方面的作用。如,为减轻黑色路面产生的视觉扩张,使公路的横向宽度不那么显眼,采用了不同颜色的沥青或其他路面材料修筑路缘、行车道和分隔带,既加强了高速公路的装饰性,又具有良好的视觉诱导,充分体现以人为本、符合人的视域特点。路面景观见图2。

图2 耐久、舒适的路面景观

4.3 特色、人文的节点景观

江綦高速在实施过程中,充分挖掘和利用沿线的自然景观及人文景观,使道路更具亲切感,表现出地域特点。如,在綦江南收费棚上采用綦江版画(图3),以展现綦江的历史文化;贾嗣隧道洞门采用塑石效果,表现该路段具有山水特色的自然景观特点等。

图3 特殊、人文的节点景观

4.4 跨江、沿江的廊道景观

江綦高速分别于观音店、金银峡、土槽湾处3次跨域綦江河，并于“贾嗣—升平”路段沿綦江河左岸展线，具有天然的跨江、沿江景观。景观设计时对于江景较好的路段，采用“露”“诱”“透”等设计手法，将优美的江景呈现于驾乘人员视野，在打造跨江、沿江高速景观的同时，拓展了江綦高速旅游公路功能，如图4所示。

图4 跨江、沿江的廊道景观

4.5 实现“抬头见绿、四季有花”

江綦高速的绿化景观，以专项设计为契机，突破和创新设计理念，丰富绿化栽植层次，多种植物搭配栽植，进行大胆尝试和创新。过程中还结合现场土建实施情况，适时动态调整，并按照“早实施，早见效”的绿化思路，始终遵循植物生长规律，抢抓春秋有利季节实施绿化种植，使江綦高速上的大多数绿化植物有了1～2年的自然生成周期，不仅保证了成活率，还降低了绿化实施成本。

江綦高速较以往项目的绿化景观，在实现“春花夏景，秋色冬绿”视觉效果基础上，率先实现了“花开四季”的绿化效果，如图5所示。例如，在江綦高速通车时，正值紫薇花盛开，木芙蓉含苞待放，玉兰花花开二度……五彩缤纷的各色野花把江綦高速点缀得如锦似画。

图5　抬头见绿、四季有花

5　江綦高速绿化景观的经验总结

5.1　突破设计理念，尝试创新提升

理念的突破最难，更多的设计是循规蹈矩，不愿意尝试和创新，担心失败。在江綦高速的绿化景观设计中，提出“四季有花”时，也是经过了较长时间的调研、咨询和自我否定后，才决定在更接近于园林景观区域的场坪区域，如服务区、管理中心、互通区等场坪区域使用冬季开花植物和经济果树等，并在其他部位试验性地采用了野花组合和园林植物后，才开始全线应用。

5.2　把握历史文脉，体现地域特色

江綦高速绿化景观始终贯穿着一根主线，那就是把握项目沿线的历史文脉，体现地域特色，如，綦江版画的呈现，在有限的人工造景之余，更多的是利用沿线的山、水打造跨江、沿江等自然景观。

5.3　统筹资源利用，实现集约节约

在江綦高速绿化景观实施前，即要求土建实施单位对耕植土（腐质土）进行养存和保护，既提高了资源的利用效率，又节约了有限的土地资源。据统计，本项目绿化种植填土共计 10.6 万 m^3，约 95% 的种植填土均利用施工过程中养存的耕植土。同时，在江綦高速的路堑边坡绿化中，引用重庆绕城高速的科研成果，应用“育苗点栽”等技术，保证实施效果的同时，节约工程造价。

5.4　恢复保护并重，注重自然和谐

江綦高速在设计选线阶段，就重视环保选线工作，采取了“最小限度化”和“异地补

偿”措施，将道路对植被及其生态系统的影响降至最低程度。在方案设计阶段，重视路、桥、隧方案的同精度比选，避免路线周围植被及其生态环境严重破坏，尽量保留桥下植被，减少填土对植物资源的伤害及借土对环境的破坏。在具体实施阶段，加强对原生植被的就地保护，后期生态恢复与绿化过程中，尽量利用乡土植物等，并通过移栽渝黔高速两侧行道树，节约造价 74 万元。

5.5 动态设计施工，细节决定品质

鉴于重庆新千公路高速公路的绿化景观设计与实施遭遇了发展瓶颈，且土建实施后现场条件发生变化，原有的施工图绿化景观设计已不能更好地达到实施效果，江綦高速果断提出了专项设计要求，并在实施过程中，采取查漏补缺、反复论证、实时调整、消除视觉影响等一系列措施，使江綦高速的品质和绿化景观整体效果大幅度提升。

5.6 遵循自然规律，把握有利时节

植物有其自身的生长规律，在高速公路相对贫瘠的土壤条件和粗放式管理下，至少需 1 ~ 2 年的生长周期，才能保证其有较好的成活率和后续成长。鉴于此，江綦高速在土建进度达到约 65% 时的 2014 年上半年，克服土建与绿化施工的干扰，提前 1 年半即开始实施绿化工程，并抢抓春秋两季的宝贵栽植时间，提前完成了主要部位和区域的绿化施工，经历了两个春夏秋冬，确保了通车时的绿化效果。

5.7 严格把关质量，明确验收标准

以往项目的边坡绿化实施过程中，普遍存在有机基材实施效果不佳的情况，一度控制并减少有机基材绿化方法，甚至不用。鉴于有机基材控制及验收难的问题，江綦高速在设计及招标技术规范中明确了有机基材的配合比及验收要求。同时，鉴于以往项目中路堑边坡绿化的验收标准过于复杂、可操作性不强的特点，在本项目中提出按坡面绿量（ >95% ）及灌木覆盖率（ >75% ）来保证效果和验收要求，既简化了验收程序，又保证了效果。

5.8 管理组织得力，取得显著成效

江綦高速的绿化景观工程，实现较好的实施效果，取得良好的社会、经济效益，得力于项目公司的倾力打造和超前谋划，得力于组织保障和措施有利，得力于严格奖惩和借力施压，得力于专家指导和精心设计。

5.9 反思遗憾不足，努力提高改进

总结实施成功的同时，也看到不足与遗憾，如，个别路堑边坡坡比较陡，截排水不尽

完善,边沟平台宽度不足,场坪区未完全清除建筑垃圾即实施绿化,造成绿化基础条件差;也存在因管养不及时而造成部分植物生长不良或枯死等现象。这些不足和遗憾,需要我们在今后的项目中予以避免,为今后的提高总结经验。

6 结语

高速公路绿化景观工程没有固定的模式,不存在统一的内容,也不同于一般的园林设计、城市或小区的绿化景观,但也并非简单的植树、种草,而是一项非常复杂而又系统的工作。因此,在进行高速公路的绿化景观设计时,我们不但要充分调查研究,掌握所需的基础资料,了解区域内的历史、文化,而且还要仔细研究整体与局部、与周围自然环境、与沿线居民生活环境的相协调,只有这样才能充分体现高速公路绿化景观的特点与功能,达到"虽由人作,宛如天开"的基本设计思想。

通过总结江綦高速的绿化景观设计,探讨高速公路绿化景观设计的理念创新和突破尝试,实现了"抬头见绿,四季有花"的绿化景观效果,并以项目实际践行绿色交通。

参考文献

[1] 曹怡春. 高速公路绿化景观设计[J]. 交通建设与管理,2009,09(157).

[2] 敬世红,李玉峰,邓卫东. 山区高速公路路域资源综合利用与景观营造技术[M]. 北京:人民交通出版社,2013.

[3] 游雯. 高速公路绿化设计理念与模式研究[D]. 中国林业科学院,2014.

钢渣在江綦高速公路路面上面层铺装中的应用研究

吕芝林[1] 聂 珊[1] 向天斌[1] 丁卫青[1] 马 达[2] 谢 君[3] 刘 飞[3]

（1. 中国葛洲坝集团第五工程有限公司，宜昌 443002；2. 重庆江綦高速公路有限公司，重庆 401147；
3. 中国葛洲坝武汉道路材料有限公司，武汉 430070）

摘　要：本文依托重庆三环高速公路新建工程，对钢渣作为制备钢渣沥青混凝土的一种集料在高速公路上面层铺筑中的综合利用进行了研究。以钢渣、玄武岩和石灰石集料以及SBS改性沥青等为原材料进行AC-13型沥青混合料的配合比设计。采用AC-13型钢渣沥青混凝土进行重庆三环江綦高速公路北渡互通C匝道和E匝道上面层试验段的铺筑，并进行了路面检测。检测结果表明，试验段各项性能指标符合《公路沥青路面施工技术规范》（JTG F40—2004）中的要求。

关键词：钢渣；沥青混凝土；试验段

1　概述

随着我国工业的快速发展，大宗工业固体废弃物产量也随之增加，钢渣作为典型大宗工业固体废弃物之一，年产量居高不下，其堆存量以每年数百万吨递增。堆积的钢渣不仅占用大量土地资源，而且会造成环境污染。钢渣作为道路工程集料应用于道路的铺筑是钢渣有效利用的一个重要途径，不仅能降低公路建设的工程造价，而且对于环保具有积极意义，具有显著的经济效益及社会效益。另外，以钢渣作为沥青混凝土集料不但可以铺筑性能优异的钢渣沥青混凝土路面，同时可以减少公路建设对玄武岩集料等天然石料的依赖。

由葛洲坝武汉道路材料有限公司主导铺设的多条钢渣沥青混凝土路面试验段——宜张高速公路当枝段新建工程、二广高速公路养护工程、大广北高速公路养护工程、汉十高速公路养护工程和黄鄂高速公路等，经后期路面性能检测，均表现出良好的路用性能，即以钢渣作为道路集料应用于沥青混凝土路面的铺筑是一个完全可行的资源化应用途径。

2 室内试验

2.1 原材料

(1)钢渣集料

钢渣的力学性能较普通碎石好,不仅耐磨、颗粒级配形状好,而且与沥青有良好的黏附性,其形状接近立方体,因此颗粒与颗粒之间可以形成非常好的嵌挤结构,进而呈现非常好的抗剪切能力。

试验时,钢渣集料1号料和2号料采用葛洲坝武汉道路材料有限公司嘉鱼生产基地加工生产的钢渣集料,其颗粒粒径范围分别为1号集料:9.5~16mm、2号集料:4.75~9.5mm,毛体积密度分别为1号集料:3.241g/cm^3、2号集料:3.207g/cm^3。试验所用钢渣的各项性能均满足《公路沥青路面施工技术规范》(JTG F40—2004)的要求。其中,钢渣集料性能由招商局重庆交通科研设计院有限公司进行检测,检测结果如表1所示。

钢渣性能检测结果及其性能指标 表1

检 测 项 目	检 测 结 果	规 范 要 求
压碎值(%)	13.4	≤26
洛杉矶磨耗值(%)	11.3	≤28
黏附性等级(级)	5	不小于5级
坚固性(%)	0	≤12
磨光值	68.8	≥42
浸水膨胀率(%)	1.3	≤2
游离氧化钙含量(%)	0.8	≤3

试验段铺筑所在地为酸雨多发区域。为了保证钢渣沥青路面在该特殊情况下的长期服役性能,对钢渣集料进行的多种检测,包括坚固性、浸水膨胀率、游离氧化钙含量检测。其检测结果均满足要求,并且其中钢渣集料的坚固性为0,表现出优异的抗硫酸盐侵蚀能力。酸雨对沥青混凝土的损害主要体现在其长期与沥青混合料接触,使沥青与矿料剥离。钢渣表面呈现微孔结构与沥青的黏附性等级达到5级,并且钢渣呈现弱碱性,更加有利于沥青与钢渣的黏附。

钢渣应用于路面上面层铺设,钢渣与沥青包裹形成钢渣沥青混合料。钢渣沥青混合料铺筑在路面上,其主要与雨水接触,对高速路面周围环境的主要影响为水污染。为了检验钢渣沥青混合料的环境效应,对钢渣沥青混合料的重金属离子浸出浓度进行了检测,检测结果如表2所示。检测结果表明,钢渣沥青混合料的重金属离子浸出浓度符合《地表水环境质量标准》(GB 3838—2002)Ⅲ类标准中的要求,因此钢渣沥青混合料对

路面环境不造成污染。

钢渣沥青混合料重金属离子浸出浓度检测结果　　表2

检测项目	检测结果	标准限值	备注
砷(mg/L)	0.001L	≤0.05	检测结果中L表示未检出或者低于检出限;标准限值参考《地表水环境质量标准》(GB 3838—2002)Ⅲ类标准限值
硒(mg/L)	0.0003	≤0.01	
汞(mg/L)	0.00001L	≤0.0001	
铜(mg/L)	0.01L	≤1.0	
锌(mg/L)	0.006L	≤1.0	
铅(mg/L)	0.013	≤0.05	
镉(mg/L)	0.0001L	≤0.005	
六价铬(mg/L)	0.012	≤0.05	

(2)非钢渣集料

集料3号料和4号料分别采用玄武岩和石灰岩,表面均洁净、干燥、无风化、无杂质和其他有害物质。颗粒粒径范围分别为3号集料:2.36~4.75mm、4号集料:0~2.36mm,毛体积密度分别为3号集料:2.872g/cm^3、4号集料:2.699g/cm^3。

(3)矿粉

试验所需矿粉采用石灰岩磨制的石粉,其表观密度为2.688g/cm^3,亲水系数为0.74,含水率为0.6%,塑性指数为3.3,均符合《公路沥青路面施工技术规范》(JTG F40—2004)中的要求。

(4)沥青

试验选用SBS改性沥青(PG76-22),其性能检测结果见表3。检测结果表明,选用的SBS改性沥青的各项性能指标均满足《公路沥青路面施工技术规范》(JTG F40—2004)中的要求。

SBS改性沥青性能检测结果　　表3

检测项目	检测结果	技术要求
25℃针入度(0.1mm)	52	40~60
软化点(℃)	83.5	≥75
5℃延度(cm)	31	≥20
15℃相对密度	1.028	—
闪点(℃)	316	≥230

2.2 配合比设计

以上述集料、矿粉和沥青等为原材料进行AC-13型钢渣沥青混合料的配合比设计。配合比设计按照沥青混合料级配设计方法和沥青混合料评价标准进行,委托招商局重庆交通科研设计院有限公司完成。AC-13 型钢渣沥青混合料的合成级配如表 4 所示，对应合成级配曲线见图 1。

AC-13 型钢渣沥青混合料合成级配　表 4

孔径(mm)	16	13.2	9.5	4.75	2.36	1.18	0.6	0.3	0.15	0.075
合成级配(%)	100.0	95.1	72.1	39.3	26.0	18.5	13.0	9.0	7.2	4.5

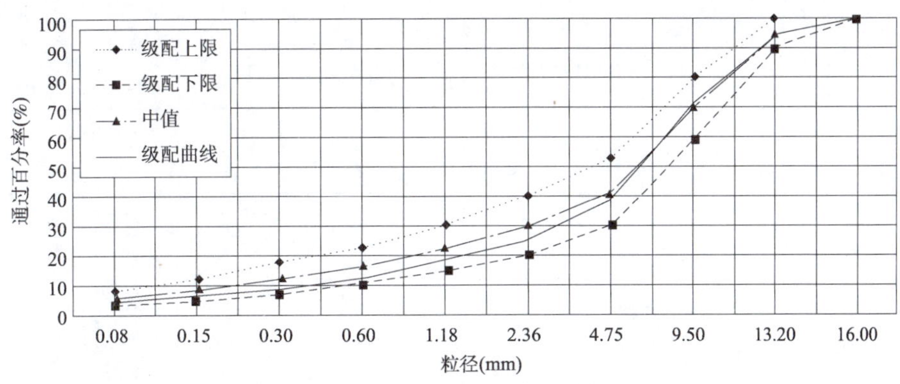

图 1　AC-13 型钢渣沥青混合料合成级配曲线

对设计的 AC-13 型钢渣沥青混合料进行马歇尔试验，确定最佳油石比为 4.9%。AC-13 型钢渣沥青混合料的性能试验结果如表 5 所示。由表 5 可知，钢渣沥青混合料的性能良好，均满足相关规范要求，部分性能甚至优于玄武岩沥青混合料。

AC-13 型钢渣沥青混合料性能试验结果　表 5

试验项目	试验结果	规范要求
空隙率(%)	4.2	4～6
稳定度(kN)	10.66	≥8
流值(0.1mm)	36	15～40
矿料间隙率 VMA(%)	14.2	≥14
沥青饱和度 VFA(%)	70.3	65～75
残留稳定度(%)	85.3	≥85
动稳定度(次/mm)	4294	≥3000

目标配合比试验结果表明，AC-13 型钢渣沥青混合料具有良好的高温稳定性和水稳定性，即可以利用钢渣集料制备 AC-13 型沥青混合料。在钢渣沥青混凝土目标配合比设计时，发现钢渣集料毛体积密度较大，并且钢渣集料为多孔结构，与玄武岩沥青混凝土相比，其与沥青的黏附性等级为 5 级，能提高混合料与沥青间的黏结力，增强钢渣沥青混合料的强度及耐久性，延长其使用寿命。钢渣集料磨光值达到 68.8，是一种抗滑性能良好的集料，可将钢渣集料应用于沥青抗滑路面表层。

3 试验段

3.1 生产配合比及验证

根据室内试验的目标级配和最佳油石比，结合试验段的交通、重庆当地的气候等因素，调整得到钢渣沥青混合料的生产级配和生产配合比最佳油石比。设计的生产配合比合成级配如表6所示，生产配合比合成曲线见图2。

AC-13 型钢渣沥青混合料生产配合比合成级配　　表6

孔径(mm)	16	13.2	9.5	4.75	2.36	1.18	0.6	0.3	0.15	0.075
合成级配(%)	100.0	94.4	69.3	37.3	22.9	17.4	12.7	8.6	6.9	4.1

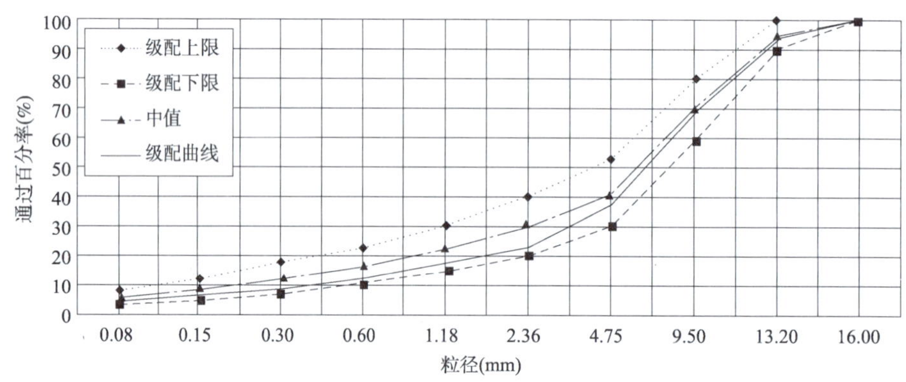

图2　AC-13 型钢渣沥青混合料生产配合比合成级配曲线

根据设计出的生产配合比进行验证试验，确定最佳油石比为5.0%。试验检测结果如表7所示。检测结果表明，AC-13 型钢渣沥青混合料的各项性能良好，均满足《公路沥青路面施工技术规范》(JTG F40—2004)中的要求，后续可以采用 AC-13 型钢渣沥青混凝土进行试验段的铺筑工作。

AC-13 型钢渣沥青混合料性能验证试验结果　　表7

试验项目	试验结果	规范要求
空隙率(%)	3.9	3~5
稳定度(kN)	13.33	≥8
流值(0.1mm)	31.3	15~40
矿料间隙率 VMA(%)	14.1	≥13
沥青饱和度 VFA(%)	72.2	65~75
残留稳定度(%)	85.7	≥85
动稳定度(次/mm)	≥6000	≥3500

可以发现，目标配合比与生产配合比都满足设计要求，但生产配合比油石比为5.0%。

究其原因是生产配合比阶段所用筛网尺寸偏大,所放热料偏粗。在生产配合比调试阶段,发现增加0.1%沥青用量,钢渣沥青混合料表现出优异性能,并且动稳定度均≥6000次/mm,表现出优异的抗车辙能力。

3.2 试验段铺筑与性能检测

试验段按照生产配合比对钢渣沥青混合料进行拌制、摊铺和碾压。由于钢渣集料的特殊性,在沥青混合料的拌制过程中要严格控制沥青和集料的加热温度以及沥青混合料的出厂温度,碾压过程紧跟摊铺过程进行,隔夜冷却后方能开放交通。

钢渣沥青混凝土试验段铺筑时,检测钢渣沥青混合料出楼温度为174℃、到场温度为172℃。为了保证摊铺温度,将摊铺机的熨平板提前加热至130℃。钢渣沥青混凝土摊铺时,采用1.21的松铺系数。摊铺机摊铺速度为3m/min,夯锤振捣频率设定为800r/min,使得钢渣沥青混凝土具有一定的初始压实度,以便进行初压。沥青混合料碾压,采用钢轮碾压2次,胶轮碾压4次,钢轮收压2次。在初压阶段,为了防止钢轮压路机粘轮而伴有洒水。在这个阶段,沥青混凝土降温快,为了保证复压温度,减小了碾压间距,保证各阶段的碾压质量。

试验段开放使用以来,钢渣沥青路面表层平整密实,颗粒分布均匀,路面无明显轮迹、裂缝、油汀和油包等现象。试验段路面情况见图3。路面试验及钻芯取样试验结果见表8。试验结果表明,采用AC-13型钢渣沥青混凝土铺筑试验段路面的路用性能均符合《公路沥青路面施工技术规范》(JTG F40—2004)的要求,该试验段路面具有较好的使用性能。综上,以钢渣作为集料制备钢渣沥青混合料,不仅可以铺筑出性能良好的道路路面,而且能达到高效利用钢渣的目的。

图3 试验段铺筑路面情况

路面试验及钻芯取样试验结果 表8

试验项目	试验结果	规范要求
平整度(mm)	0.78	≤2
摩擦系数	59	≥45
构造深度(mm)	0.90	≥0.55
渗水系数(mL/min)	72.9	≤120
压实度(%)	98.5	≥97
厚度(mm)	40	—
稳定度(kN)	14.8	≥8
流值(0.1mm)	36	15~40

4 结论

针对钢渣的有效综合利用,本文以钢渣作为道路集料制备钢渣沥青混合料应用于重庆三环高速公路上面层的铺筑,通过各项试验,得出以下结论:

(1)钢渣集料的物理性能优异,较玄武岩偏重,其压碎值、洛杉矶磨耗值、黏附性、磨光值等各项性能指标均符合《公路沥青路面施工技术规范》(JTG F40—2004)中的要求;

(2)室内试验结果表明,以钢渣作为集料制备的钢渣沥青混合料的各项性能指标均满足《公路沥青路面施工技术规范》(JTG F40—2004)中的要求,且具有良好的稳定性,即采用钢渣集料可以制备出性能良好的沥青混合料;

(3)试验段铺筑情况表明,采用钢渣沥青混合料铺筑的沥青路面平整密实,颗粒分布均匀,使用状况良好,且铺筑路面的各项性能均满足《公路沥青路面施工技术规范》(JTG F40—2004)中的要求,即采用钢渣沥青混合料可以铺筑出路用性能良好的路面。

综上,以钢渣作为集料制备钢渣沥青混合料可以铺筑出路用性能良好的沥青路面,同时能达到钢渣有效综合利用的目标,可以进一步扩大钢渣在道路工程中的应用。

参考文献

[1] 丁卫青,谢君,吴少鹏,等. 转炉钢渣集料微观性能研究[J]. 交通科技,2014(6):116-118.

[2] 田孝武,丁卫青,谢君,等. 钢渣全组分梯级利用研究[J]. 建材世界,2015,36(1):24-27.

[3] 魏巍,陈美祝,李灿华,等. 钢渣沥青混凝土路面抗滑性能研究[J]. 建材世界,2010(4):36-38.

[4] 陈美祝,魏巍,汪晖,等. 钢渣沥青路面耐久性能研究[J]. 建材世界,2010(4):36-38.

[5] 薛永杰,吴少鹏,陈向明,等. 钢渣在沥青路面工程中的应用[J]. 国外建材科技,2005,26(1):1-3.

[6] 交通部公路科学研究所. JTG F40－2004　公路沥青路面施工技术规范[S]. 北京:人民交通出版社,2005.

[7] 薛永杰,吴少鹏,廖卫东,等. 钢渣在武黄高速公路加铺工程中的应用研究[J]. 湖北公路交通科技,2004(1):7-10.

浅议党建工作在江綦高速公路建设中的作用

敬世红　尹　粒

（重庆江綦高速公路有限公司，重庆　401147）

摘　要：本文重点分析了党建工作在重庆江綦高速公路建设过程中所起的作用。党建工作作为企业的独特政治资源，特别是国有企业，为其改革、发展、稳定提供了重要的思想保证、政治保证和组织保证。特别是在一些困难时期，当企业的发展面临新挑战和新情况时，加强企业党建工作有利于充分发挥党组织的领导核心作用、基层党组织的战斗堡垒作用和广大党员的先锋模范作用，推动企业顺利度过危机。

关键词：国企党建工作；以党建促生产；“六方联建”；劳动竞赛；反腐倡廉

1　概述

重庆江綦高速公路有限公司由重庆高速公路集团有限公司（以下简称“高速集团”）与中国葛洲坝集团第五工程有限公司共同出资组建。2012—2016 年，在四年多的建设期中，公司领导班子团结协作，全体员工奋发有为，于 2016 年 9 月圆满实现了通车目标。

公司荣获了重庆市劳动竞赛先进单位，重庆市交通委员会“先进基层党组织”，重庆市新千公里高速公路党建“六方联建”工作先进单位，高速集团 2014 年年度好班子，2014 年、2015 年连续两年荣获高速集团年终考核第一名，2016 年上半年重庆市交通委员会半年考核第一名，集团纪检监察工作、宣传工作、安全工作先进单位等共计 28 项荣誉称号（图 1）。同时，公司员工个人也荣获了重庆市“五一劳动奖章”、重庆市劳动竞赛先进个人等近 30 项荣誉。

无数荣誉的背后是全体江綦高速公路建设者不畏艰险和辛勤的付出。同时，党组织在其中发挥了巨大的作用。

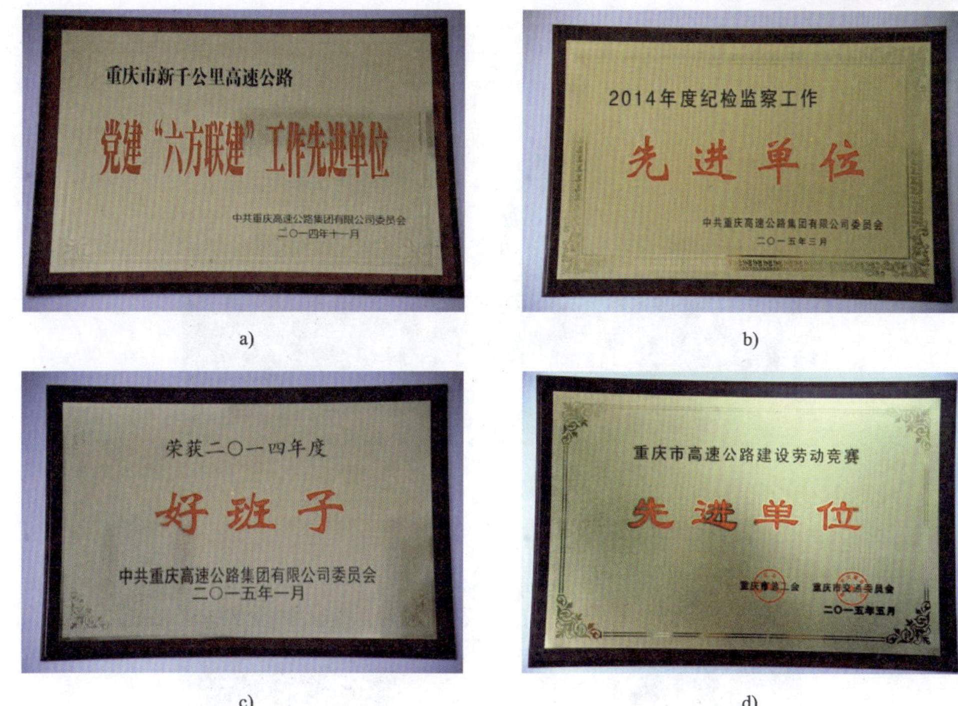

a) b) c) d)

图1 公司所获荣誉证书

2 党建工作抓思想，政治意识凝聚强大动力

2.1 理论教育引领正确方向

抓好政治理论学习。项目建设四年以来，公司经历了深入开展党的群众路线教育实践活动、"三严三实"专题教育（图2）和"两学一做"学习教育三个重要阶段，强化了公司党员干部全面从严治党的思想认识，使全体党员自觉与以习近平同志为核心的党中央保持高度一致。四年来，组织中心组学习累计达30余次，书记带头讲党课，领导班子成员到各联系点讲党课累计达20余场次。

"两学一做"学习教育阶段，公司制订了相关实施方案和学习计划，提出了要充分认识开展"两学一做"学习教育的重要意义。重点组织学习了《党章》《准则》《条例》以及习总书记系列重要讲话。通过微信群分享了党史、党章党规、系列讲话，达到了及时了解新政策、掌握新知识、学习内容"入脑入心"的目的。书记带头为公司全体党员干部讲授了主题为"爱岗敬业，爱企如家"以及"构建公司全面从严治党新常态"两堂廉政党课（图3），引导全体员工全面贯彻习总书记"七一"讲话精神，将从严治党、不忘初心、继续前进的思想意识落到实处。可以说，正是由于公司对思想理论教育的高度重视，才为实际工作指引了正确的方向。

图2　公司召开“三严三实”专题会

图3　公司书记讲授党课

2.2　制度建设完善管理体系

公司自成立伊始，就注重制度化建设，并按照“五位一体”的总布局和“四个全面”的战略布局要求，积极适应形势变化，努力探索新时期基层党组织建设新机制、新方法，不断完善和落实各项制度，基层党组织建设取得了明显成效。

公司建立并不断坚持领导述职述廉报告制度；认真落实“一岗双责”制度；坚持党的民主集中制，建立并落实了“三重一大”集体决策制度，强化议事规则，并严格按照“三重一大”集体决策制度，对公司重大决策、人事任免、大额资金使用等重大事项，及时召开会议，严格决策程序，完整记录决策过程，累计召开“三重一大”会议共计21次。按照习总书记在全国国有企业党建工作会上的精神，目前公司党组织正内嵌到公司治理结构中，并逐步实现与公司经营管理的深度融合。

党组织议事规则的不断完善，为党组织战斗力不断增强提供了保障基础。公司送培了多名入党积极分子及发展对象，党员占职工总数的比例持续上升。公司党员骨干履行不畏艰难、冲锋在前的职责与使命，成为工程建设一线的尖兵。特别是公司质安部等一线部门党员，在三年半的工程建设过程中，实现了质量、安全生产“零”事故，成为重庆高速公路新千公里建设项目的首创工程，获得了“重庆市青年安全生产示范岗”等光荣称号，树立了党员干部典范。

2.3 队伍建设储备干部人才

公司按照党管干部的原则，从严干部管理，做到严格选任，严格教育培训，严格监督考核，真正将党要管党、从严治党方针落到实处。

严格按照《干部选拔任用工作条例》要求，严格贯彻执行集团干部管理制度，坚持“三重一大”、民主测评、领导谈话、任前公示，规范干部任用程序，确保选拔任用工作公开、公平、公正。干部任用严格执行“三重一大”集体决策制度、民主集中制，按照规定程序办事，严格把好干部选拔任用关，自觉防止和抵制用人上的不正之风，防止“带病提拔”。

在严把干部任用关的同时，注重后备优秀人才的储备。坚持科学化、精细化管理，结合公司实际部门和岗位需求，为公司建设期增设了质量安全部；摸清人才知识结构，在高速集团和葛洲坝五公司范围内公开竞聘选拔，选拔了一批优秀的部门中层干部和管理骨干，为工程建设起到了极大的助推作用。

3 党建工作带群团，劳动竞赛推动工程建设

3.1 “六方联建”助推项目建设

项目开工以来，相继面临贷款困难、持续降雨、征迁困难等一系列不利因素，工程建设停滞不前。面对困境，公司党支部集思广益，积极行动以来，从江綦高速公路参建各方党组织着手，于2014年4月，组织高速集团、两区指挥部、总监办、总承包部、各分部党组织开展了“砥砺前行、六方携手，共建精品江綦高速公路”的党建活动，见图4、图5。此次党建活动旨在增强各参建单位党组织之间的协调合作，不断提高建设管理和施工水平，促进项目建设优质高效，充分发挥好党建工作为项目建设保驾护航的作用。此次活动还设立了联建目标，即以活动为载体，以联谊为纽带，以创建“文明工地、平安工地、廉洁工地”为抓手，建立工作机制和考核机制，达到“工程优质 · 队伍廉洁”的目的，实现共同铸造精品江綦高速公路的目标。

党建“六方联建”活动持续开展，统筹协调了参建各方力量，通过一系列反腐倡廉活

动举措，强化了江綦高速公路全体建设者的党性观念、组织观念、纪律观念、廉洁从业观念，从源头上遏制了腐败，为项目建设奠定了坚实的基础。公司于2014年、2015年连续两年荣获了重庆市新千公里高速公路党建“六方联建”先进单位荣誉称号。

图4　公司“党建六方联建”活动启动

图5　公司“党建六方联建”签字仪式

3.2　劳动竞赛助力工程建设

党领导下的工会工作也是党建工作的重要组成部分。公司党支部重视工会工作的开展，积极响应重庆市总工会交通工会、高速集团工会等号召，将劳动竞赛作为助力项目建设的重要抓手，大力开展劳动竞赛。

2016年4月，在江綦高速公路先锋互通现场成功举办了重庆市2016年高速公路建设劳动竞赛动员大会大型活动（图6、图7），江綦、忠都、万利万达等13家高速公路建设者代表参加了此次大会，江綦高速作为高速公路全体建设者代表，表示要严把安全质量关，强化安全质量意识；同时要抢抓生产，大干快上，在确保工程质量、安全管理目标的前提下,量化考核,奖罚分明,掀起施工大干快上的高潮。全体项目建设者全力以赴,全力完成了剩余工程量,确保了江綦高速公路优质安全建成通车。

图6　高速公路建设劳动竞赛动员大会

图7　劳动竞赛颁奖现场

2016年年初,针对后续工程建设任务艰巨这一实际困难,公司还掀起了“决战200天,打好攻坚战”——全力推进江綦高速公路优质安全建成通车,以及“大战100天”冲刺等活动热潮。提出在确保安全、质量的前提下,全力完成剩余的工程量,全力推进剩余桥梁、路面、房建、绿化、机电、交安等后续工程平衡有序施工,做好各项工序的紧密衔接,实现10月份从容通车。持续开展的劳动竞赛奖优罚劣,在抓工程建设的同时抓好党风廉政工作,全面落实了“一岗双责”“两个责任”,确保了项目建设风清气正的良好建设氛围,很好推动了项目建设。

通过深入开展一系列劳动竞赛,激发了建设者们的工作热情,营造了“比、学、赶、帮、超”的良好氛围。从开工到通车,公司开展了“青年文明号”“工人先锋号”“党员示范岗”等一系列创建活动,创建工作有效促进了生产。

4 党建工作保廉洁，廉政建设营造良好氛围

4.1 多管齐下关好制度笼子

公司党支部高度重视党风廉政建设，认真落实主体责任，科学领导，明确分工，始终将党风廉政建设和反腐败工作作为公司建设期重要工作内容。

明确职责分工、任务目标、工作要求，成立了党风廉政建设工作领导小组。党组织负责人与班子成员、各部门负责人分别签订了党风廉政建设目标责任书，开工伊始，制定了“三不准”制度，书记带头公开承诺，明确了领导班子成员及各部门在党风廉政建设工作中的职责，强化了“有权必有责、有责要担当、用权受监督、失责必追究”，落实谁主管、谁负责，实行“一岗双责”，一级抓一级，层层抓落实，确保有效落实党风廉政建设和反腐败各项任务。

实行合同立项双签制度。主办部门两人以上办理，主办部门与协办部门双签。持续完善工程及财务相关管理制度，严格办公经费使用及其审批流程，强化财务预算执行控制力度，坚持公司招待费、差旅费、车辆使用费“三公经费”季度公示制度。严格执行《党政机关厉行节约反对浪费条例》，制定了公司《车辆管理办法》，修订了《员工差旅费管理办法》。坚持全员季度和年终绩效考核机制，推进党风廉政建设监督规范化、常态化和长效化。每季度考核结果与员工绩效工资挂钩。

4.2 多措并举筑牢廉政体系

自公司成立以来，开展了检察长送法下工地、参观监狱、观看廉政微电影等警示教育活动（图 8、图 9），并在通车前针对后续工程单位众多的情况，在全体参建单位中广泛开展了“改进工作作风，纠正懒政之风”的作风建设月活动。在传统节日期间，通过手机短信、QQ 群、微信群等多种形式，向全体管理人员以及参建各方主要领导、骨干人员发送“廉政箴言”，工地一线落实 365 天每日数据报送等特色做法。一系列紧扣实际的反腐倡廉举措和做法，为促进建设期公司健康发展提供了有力的保障。

有辛勤付出就有收获，江綦高速公路于 2017 年正式被评为重庆市“最美高速路”（图 10、图 11）。江綦公司建设期党建工作取得了一定成效，也为助力项目建设发挥了巨大作用，总结出了一套适合促进基层一线工程建设的党建工作经验。目前，公司已顺利实现建设期向营运期的平稳过渡。在当前从严治党的新时期，应不断探索新形势下适合公司科学发展的党建工作新体制、新机制，继续坚持改革创新，敢于突破，用新思路研究新情况，解决新问题，不断夯实营运期党建工作，为公司发展持续提供强大动力。

图8　邀请检察长送法下工地

图9　参观廉政基地

图10　“最美高速路”奖杯

荣誉证书

三环高速江津至綦江段：

在重庆“最美高速路”暨“最美高速人”评选活动中获得：

重庆“最美高速路”

特发此证，以资鼓励

2017年4月

图11　“最美高速路”证书

强化施工监控过程管理，打造沥青路面精品工程

慕万奎

（苏交科集团股份有限公司，南京　210019）

摘　要：重庆地区高温、多雨，且公路长大纵坡多，给江綦高速公路的路面施工带来较大困难。公司引进技术咨询专业化质量管理团队，全程参与质量管理。充分调动业主管理团队、监理单位及总包单位各方的积极性，细化流程，强化节点控制，杜绝管理漏洞，提升了沥青路面施工质量。

关键词：施工；监控；管理；沥青路面

1　概述

江綦高速公路是重庆市“三环十射三联线”高速公路网规划中的三环内路线，全线采用双向四车道高速公路标准建设，设计速度80km/h，路基宽度24.5m。主线路面结构为4cm厚SBS改性沥青AC-13C+6cm厚普通沥青AC-20C+8cm厚普通沥青AC-25C。该项目所在区域高温、多雨，气候环境条件恶劣；该项目长大纵坡、曲线众多，重载交通等因素给路面工程各项指标提出了更高的要求；施工期间交叉工程相互干扰，给路面施工带来了严峻挑战。为此，重庆江綦高速公路有限公司（以下简称江綦公司）以技术咨询为纽带，以专家团队为支撑，充分调动项目业主管理团队、监理单位以及总包单位各方积极性，细化流程，强化节点控制，采用智能化监控等多种手段，打造了沥青路面高质量精品工程，显著提升了沥青路面施工专业化管理的能力。

2　管理措施

2.1　从拌和站抓起，严把输入端

（1）加强集料源头管控。为保障集料质量，江綦公司组织咨询、设计、监理等各方人员对石灰岩、玄武岩生产加工基地展开充分调研，深入考察材料的宕口、料源特性和加工特性，以材料品质为重点优中选优。

（2）加强沥青监控，严把入场关。江綦公司通过对每批沥青进行PG指标以及沥青全套指标的检测，实现了对沥青进场全过程监控，保障了进场沥青的高品质要求。

(3)采用智能监控系统,精确控制混合料。江綦高速采用混合料试验抽检以及拌和楼智能监控双重手段对沥青混合料进行监控,充分保障了沥青混合料品质的均匀性,检测统计结果显示,沥青混合料抽检合格率达到了95%以上,如图1所示。

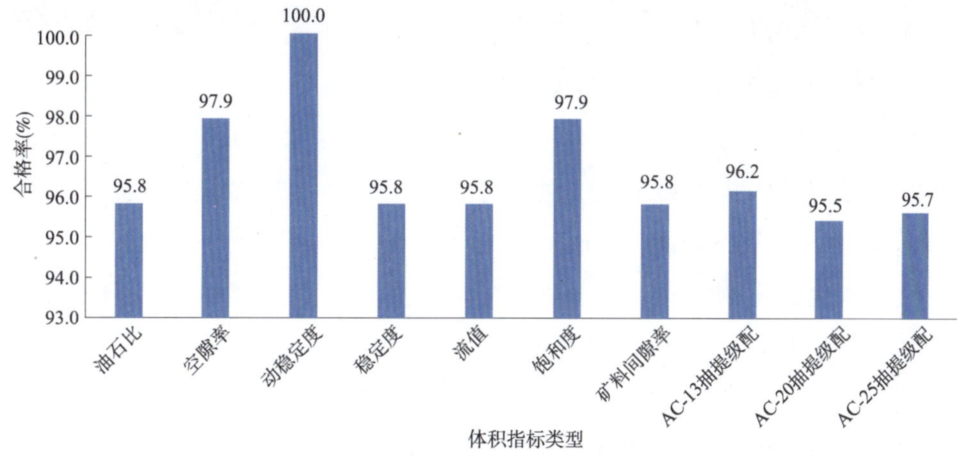

图1 江綦高速沥青混合料检测数据统计

2.2 以技术咨询为纽带,协调管理

(1)苏交科技术咨询组在沥青路面施工过程中建立了全过程、全方位巡查制度。对沥青路面前场及后场分别安排人员进行巡查,及时发现问题、及时分析问题产生的原因、及时提出解决方案。重视沥青混合料摊铺碾压过程隐患,加强沥青路面铺筑后的渗水检测,快速识别沥青路面铺装质量,杜绝了大范围出现质量缺陷的现象。统计结果显示,沥青路面渗水合格率达到了97%以上,如图2所示。

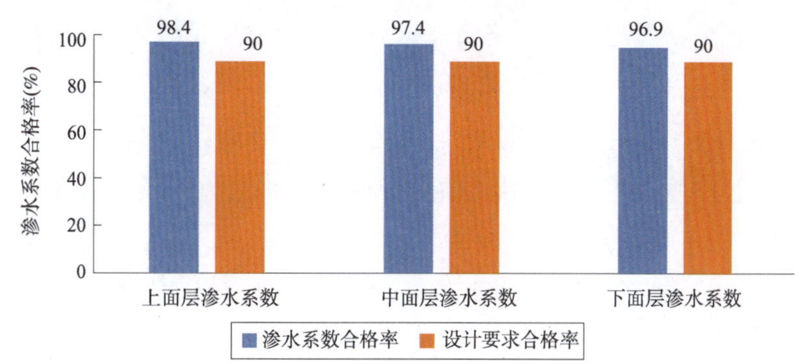

图2 江綦高速沥青路面渗水检测数据统计

(2)强化过程监控,各方协调落实。苏交科咨询组在巡查过程中将发现的质量问题现场提出解决方案。总包、监理与施工各方根据咨询意见就地现场进行纠正,并将存在问题、解决措施以及解决与否以日报、周报等形式报送业主。总包、监理与施工各方同步向业主反馈相关信息,充分保障了技术咨询意见的有效落实。

(3)充分发挥技术团队的保障作用。江綦高速为保障路面质量问题得到有效解决,引进技术咨询团队的同时,配备了经验丰富的专家顾问团队,对工程中存在的关键技术以及质量问题如基层裂缝、基层材料以及取芯完整性等问题,专家顾问团队以会议形式对技术咨询组提出的方案进行充分讨论和论证后作出决策,将施工质量提升到一个新的水平。

2.3 细化流程,强化环节控制,预防质量通病

为避免施工过程中质量隐患的发生,江綦公司组织技术咨询组和监理工程师对桥面处理、层间处理、路槽等关键节点加强控制,对路面压实工艺流程进行细化分解,有效地预防沥青路面施工质量通病的出现。

(1)在沥青路面施工前,实时逐段对路槽进行复压、复检。重点复检路槽弯沉、平整度、横坡度和高程等主要技术指标,达到复压一段、复检一段、合格一段、施工一段的要求。

(2)严格把控桥面混凝土铺装层处理、防水黏结层施工关键环节的质量。桥面混凝土铺装层施工过程中建立专项中间检验台账,细化质量检测指标,重视外观评价,对防水黏结层施工引进了拉拔试验检测方法,有效保障了沥青混凝土桥面的施工质量。

(3)路面防污防水,重中之重。公路交叉作业污染以及雨后施工是江綦高速必须面对的难题,为此,江綦公司交通组织和交通管制的基础上,组织咨询、监理协调工作组,专门对路面施工前的下承层表面污染、表面湿水进行实时检查和验收,将流程细化到刷、洗、吹三个环节,达到出现一段、处理一段、合格一段、施工一段的要求。

3 结语

重庆江綦高速公路引进了沥青路面技术咨询专业化质量管理团队,打破了以往纯技术服务的模式,全过程参与了质量管理,以技术咨询为纽带,使施工、总包、监理以及业主之间建立了全方位的紧密联系,杜绝了工程中质量管理的疏漏与质量隐患的发生。通过对江綦高速公路质量管理的总结,望对今后沥青路面施工质量的提升有一定的借鉴作用,并期望在以下几个方面有所改进:

(1)质量信息化手段能够从原材料、运输、拌和、摊铺以及碾压各个工艺过程对施工质量进行全方位实时监控,发现问题及时,查找问题准确,解决问题快速,各项指标均衡,有效杜绝大段落质量问题的发生,是提升沥青路面施工质量的可靠手段,建议创造条件推广应用。

(2)沥青路面 SUPERPAVE 技术主要预防路面车辙、控制沥青在各个阶段的老化,重视路面的长期寿命,是重庆地区多雨、高温及道路长大纵坡多等引起的路面病害的有效解决途径。目前 SUPERPAVE 技术成熟,施工难度不高,造价低廉,建议今后应积极推广。

临时固结解除顺序对主梁挠度与关键截面应力的影响

郎强强[1]　郑国徽[2]

（1. 重庆交通大学土木学院，重庆　400074；2. 重庆江綦高速公路有限公司，重庆　401147）

摘　要：当变截面连续梁桥采用挂篮悬臂浇筑时，其合龙前后必经体系转换，即解除临时固结。而在临时固结拆除时，其主梁的应力及位移都会发生变化。拆除临时固结的顺序不同，主梁成桥后的应力和位移也会发生相应不同的改变。

关键词：悬臂浇筑连续梁桥；解除临时固结；关键截面应力；节点位移变化

1　工程概况

重庆江綦高速公路广兴互通连接线跨綦江大桥，主桥采用（73 + 130 + 73）m 的三跨连续梁，桥梁全长 350.575m，桥梁全宽 12.00m，采用悬臂浇筑施工法，全桥分 18 个节段进行浇筑。

2　临时固结解除方案

2.1　临时固结介绍

本桥主梁施工过程中，在主跨合龙前，主墩与主梁临时固结；采用临时垫块承受压力与普通钢筋锚固承受弯矩产生的拉力。

2.2　临时固结解除方案

方案一：待边跨合龙后，主跨合龙前，割断锚固钢筋，将墩梁固结转换为墩梁铰支，再及时合龙主跨，成为连续梁结构。

方案二：张拉边跨合龙段的预应力钢筋，然后将中跨合龙段用钢筋焊接，使两中跨悬臂端锁定在一起，然后割断锚固钢筋与临时固结块，再及时合龙主跨。

方案三：待中跨合龙段混凝土浇筑后，割断锚固钢筋、临时固结块进行拆除，然后再进行中跨合龙段的预应力钢筋张拉。

临时固结在有 MIDAS CIVIL 中的模拟示意图，如图 1 所示。

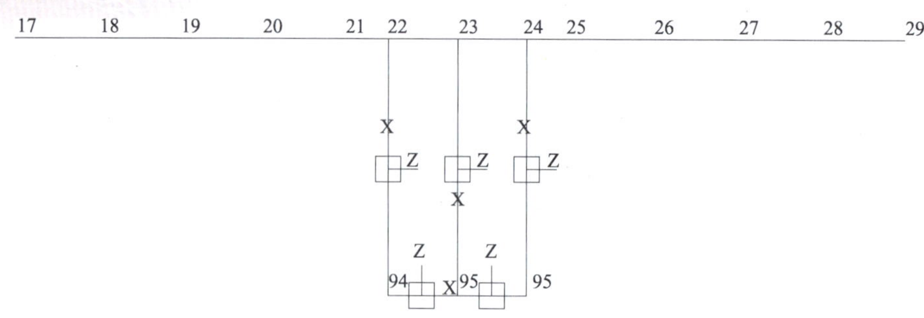

图 1　临时固结在 MIDAS CIVIL 中的模拟示意图

其中，弹性链接 24-95、22-94，模拟的是支座两边的临时固结块，弹性连接的激活钝化与其约束方向的刚度伴随临时固结的生成拆除变化。中间的 23-95 弹性连接模拟墩顶永久支座，在临时固结拆除后作为墩梁的主要连接部分。临时固结解除前，因墩与主梁固结，所以综合考虑临时固结及墩的刚度对桥梁整体结构刚度的影响；临时固结解除后，仅考虑主梁刚度及永久支座刚度。

通过对三种不同临时固结拆除时序的模型进行有限元分析，得到其施加二期荷载后的模型分析结果如表 1 所示。

合 龙 段 位 移　　表 1

位　置	节　点	竖向位移(mm)			纵向位移(mm)		
		方案一	方案二	方案三	方案一	方案二	方案三
1 号墩边跨合龙段	5	-15.1	-14.8	-14.8	10.1	10.6	10.6
	6	-15.2	-14.8	-14.8	10.7	11.2	11.2
	7	-14.5	-14.1	-14.1	11.1	11.6	11.6
	8	-12.5	-12.2	-12.2	11.4	11.9	11.9
中跨合龙段	41	-14.8	-15.2	-15.2	-3.3	-2.7	-2.7
	42	-16.4	-17	-17	-3	-2.4	-2.4
	43	-17.2	-17.8	-17.8	-1.5	-1.8	-1.8
	44	-16.4	-17	-17	-0.7	-1.7	-1.7
2 号墩边跨合龙段	77	-12.7	-12.2	-12.2	-15.2	-16.2	-16.2
	78	-13.5	-13	-13	-15.1	-16.1	-16.1
	79	-13.5	-13.1	-13.1	-14.8	-15.8	-15.8
	80	-12.4	-12	-12	-14.3	-15.3	-15.3

(1) 主梁竖向挠度

通过三种时序的模型数据分析，方案二、三的竖向挠度一致，中跨挠度略大于方案一，边跨挠度略小于方案一，但其差值不大，均在 1mm 以内。说明三种方案中，唯有方案一的线形竖向位移在固结拆除后突变略小，而且最终成桥挠度小。因此，从线形上说无论方案一，还是方案二、方案三的临时固结解除顺序均对三跨连续梁的成桥线形无太大影响，但考虑到突变对主梁结构刚度会产生一定的影响，且影响大小与挠度突变大小呈正比例关系，故从线形变化对主梁刚度的影响上，采取方案一的解除顺序对全桥刚度效果偏好一些。

(2)主梁纵向位移

用一般弹性连接模拟支座要输入支座的各个自由度的实际刚度。綦江河大桥的盆式橡胶支座，其纵向具有一定的抗推刚度，能起到一定的限制纵向位移的作用。同时，挡块与支座间的橡胶块也起一定抗推能力，所以，考虑主梁的纵向位移能了解到不同时序的临时固结解除对成桥后挡块的推力，对主梁结构的安全分析更有全面的认识。

从表1中可以看出，中跨合龙段位置方案一的纵向位移要略大于方案二、三，而在边跨合龙段位置方案二、三的纵向位移要明显大于方案一。方案一，在中跨合龙前解除掉临时固结，体系中跨合龙时将由静定结构变为三次超静定，结构此时成为一个整体，并无较大次内力的产生，对结构成桥后的纵向位移基本无影响。而方案二、三在体系转换时，结构由七次超静定变为三次超静定，此时结构释放次内力，结构的位移及内力发生显著的变化，加大了施工监控难度，而且对主梁也有一定的损伤。

(3)关键截面的应力分析

关键截面的应力见表2。

关键截面的应力(MPa)　　表2

位　置	节　点	方　案　一		方　案　二		方　案　三	
		上缘	下缘	上缘	下缘	上缘	下缘
1号墩边跨合龙段	5	-3.74	-4.56	-3.7	-4.61	-3.72	-4.6
	6	-4.13	-5	-4.09	-5.05	-4.1	-5.04
	7	-5.05	-5.57	-5.01	-5.62	-5.03	-5.61
	8	-5.89	-5.23	-5.85	-5.28	-5.86	-5.27
中跨合龙段	41	-4.64	-9.49	-4.96	-9.2	-4.7	-9.2
	42	-3.56	-9	0.38	-8.69	-3.64	-8.69
	43	-3.73	-8.65	0.19	-8.33	-3.81	-8.33
	44	-4.59	-9.85	-4.96	-9.53	-4.67	-9.53
1号墩边跨合龙段	81	-2.61	-3.97	-2.57	-4.01	-2.58	-4.01
	82	-1.22	-3.64	-1.18	-3.67	-1.2	-3.67
	83	-1.32	-3.48	-1.29	-3.51	-1.3	-3.51
	84	-0.61	-3.2	-0.61	-3.21	-0.61	-3.21

通过模型的模拟分析数据，可以看出：方案一，在整个合龙过程以及成桥后，主梁一

直处于全截面受压状态,而且在体系转换时未出现大的截面应力突变;而方案二中,在结构进行中跨合龙段锁定后,其中跨合龙段的前一节段出现了拉应力,结构超静定次数的增多导致了应力发生突变,出现局部拉应力状况,而在成桥阶段,中跨合龙段截面上下缘均存在拉应力的现象。方案三,在成桥后无拉应力的存在,但在其临时固结解除后,由于需要释放较大的次内力和位移突变,中跨合龙段附近截面出现了拉应力,这会使养护后的混凝土受到一定程度上的拉伤,使后期的混凝土在强度上难以达到设计要求。

3 方案总结

经过对三跨连续梁不同的临时固结拆除方案模型的建立、分析、数据比较,得到以下几点结论:

(1)在线形控制方面,各个方案在固结解除后,线形都略有突变,相差较小,方案一的突变、成桥后的线形更加符合施工安全、线形美观的要求。

(2)在应力控制方面:方案二、三在中跨合龙段连接后再解除固结块,中跨合龙段受拉,且方案二导致中跨合龙段在成桥后依旧存在着拉应力,将对混凝土的强度及耐久性都造成影响。

(3)待边跨合龙后,主跨合龙前,割断锚固钢筋,将墩梁固结转换为墩梁铰支,再及时合龙主跨,成为连续梁结构的拆除方案更加合理。

参 考 文 献

[1] 曾振华,刁安,李绍廷.刚构—连续组合梁桥临时固结拆除顺序的研究[J].公路工程,2012,(2).

[2] 王忠雷.连续梁悬臂T构墩梁临时固结施工设计方案[J].科技与企业,2011,(9).

[3] 白锦铭.连续梁悬臂法施工墩梁临时固结方案设计与监测[J].科资资讯,2008,(4).

[4] 渠广镇.多跨长联PC连续梁桥施工控制关键问题研究[D].长安大学,2010.

[5] 张谢东,詹昊,舒洪波,等.大跨度预应力混凝土连续梁桥合龙施工技术研究[J].桥梁建设,2005,(2).

[6] 万重文,肖星星.多跨长联预应力混凝土连续箱梁桥合龙方案分析[J].中外公路,2009,(1).

浅谈江綦高速公路建设中的安全管理

郑国徽　陈一威

(重庆江綦高速公路有限公司,重庆　401147)

摘　要:在重庆江綦高速公路建设中,始终把安全工作放在管理工作的首位,采取一系列措施实现安全生产"零事故"。针对不同施工时期的安全隐患,进行不同阶段安全点梳理;从上到下,严格落实安全生产责任制;强化安全教育,提高全员安全意识;多项并举,及时消除隐患;采用新技术、新工艺完善安全管理。这些措施行之有效,可供同类工程参考。

关键词:高速公路;安全;管理

1　工程概况

重庆江綦高速公路全长约48.4km,概算471968.37万元,合同工期3年半。项目起于江合路先锋互通,全线沿途经过江津区先锋、西湖、贾嗣、夏坝、广兴,綦江区北渡、永新等7个乡镇,止于渝黔高速綦江区南侧。全线桥隧比例为33.8%,项目公路等级为双向四车道高速公路,路基宽度为24.5m(分离式12.25m),设计速度80km/h。主线桥梁29座,左幅7605.1m、右幅7154.1m;隧道4座,左洞9439m,右洞9351m;通道及涵洞147道;互通式立交6处,并对既有母家湾互通立交进行全互通功能完善改造,使该互通由原来的半互通变为高接高全互通;天桥22座;服务区2处;收费站6处。采用BOT+施工总承包模式建设,总承包签约合同价为338702.14万元。

2　江綦高速公路安全管理

江綦公司自2012年成立开工以来,在上级主管部门的正确领导下,严格执行有关安全与文明施工法律、法规、强制性要求和各项文件的要求。始终把安全工作摆到管理工作的首位,积极开展"平安工地"建设活动,强化参建人员的安全意识,形成了安全工作上下齐心、齐抓共管的局面。开工之初就提出安全生产"零事故"工作目标,为实现这一目标,公司根据工程施工的不同时期和阶段对安全工作重点均有不同侧重,建立了不同时期安全风险隐患台账管理风险点,实行不同阶段安全风险点梳理,措施有力,效果显著,至2016年9月27日,江綦高速公路圆满实现通车,历时4年,成功实现了安全生产

"零事故""零伤亡"。

2.1 领导重视，严格落实安全生产责任制

为加大安全管理力度，公司董事长亲自督导，成立了以总经理为组长、副总经理为副组长、质安部主任为办公室主任、各部门负责人及现场业主代表为成员的安全领导小组，并由总经理亲自分管安全。

要求总监办、总承包部和各分部也分别完善安全组织机构和领导班子，层层签订安全目标责任书，将安全责任层层分解，形成安全工作人人有责、齐抓共管的局面。

2.2 强化安全教育培训，不断提高全员安全意识

每年聘请安全专家到现场授课，强化不同层次参建人员安全意识。2014 年 1 月 3 日邀请交通运输部专家南京工业大学李建生教授到工地现场进行支架搭设和施工临时用电专题讲座；2015 年 3 月 6 日邀请重庆高速集团安办对江綦高速公路各参加单位主要人员及施工队负责人进行了安全培训；2016 年 5 月 25 日邀请重庆高速集团安办对江綦高速公路各参建单位主要人员及施工队负责人进行了安全培训。

2.3 多项并举，及时消除隐患，为保证工程的顺利进行保驾护航

结合江綦高速公路工程的实际，以"平安工地"为抓手，以科学的、特色化的管理促进工程的稳步推进。在管理上重点做了以下几方面工作：

(1)要求架梁时分部领导值守现场，同时对涉及范围内进行现场人员清场。

(2)每日施工推行岗前工人训话 5 分钟制度。

(3)坚持运梁车每日安全维护保养检查登记制度。

(4)坚持月评季奖制度，每季度对综合排名第 1 名、第 2 名进行奖励，并单设安全文明施工奖。

(5)充分发挥监理的监管职能，安全质量隐患实行每日排查报告制度。

(6)坚持业主代表长期深入现场，及时纠正现场的违规行为，确保各项安全措施的有效落实。

(7)充分发挥聘请专家的重要作用，从经验和技术上保障安全生产。

(8)坚持日常巡查与定期检查相结合的安全管理制度。除开展日常巡查及专项检查外，还每月定期开展一次安全检查，召开安全会议，对检查发现的问题和隐患，视情节轻重进行通报批评或根据违约实施细则进行违约处罚，并督促总监办、总承包部进行整改落实，定期进行复查，形成闭合。

(9)持续开展劳动竞赛，争先创优，着力于打造精品工程、优质工程、品牌工程。

(10)认真组织开展上级各项安全活动,确保施工安全平稳可控。

(11)建立完善了各类安全管理内业资料,夯实了安全基础工作。

2.4 应用新技术、新工艺辅助和完善安全管理,效果显著

(1)率先使用盘扣支架

相较于传统钢管支架,盘扣支架具有安全、搭拆方便、施工速度快等特点,实现了安全集约。

(2)桥梁架梁采用钢板网临时覆盖湿接缝

为确保架运梁人员的安全,将以往湿接缝采用的防护材料由安全网换成钢板网,不但可多次重复利用,还增强了安全防护的可靠性。

(3)严控车速,“Z”字通行

在路面施工阶段全路段均采用“Z”形限速护栏和移动式减速带相结合的限速方法,通过雷达测速,严格控制施工区域过往车辆车速不得超过40km/h,对于超速行驶的车辆,一经巡视人员发现,将按规定对相关单位和人员进行严厉处罚。

(4)引用视频,保障安全

为加强路面施工过程中的安全,摊铺设备均安装了倒车可视系统,确保路面施工设备操作人员消除盲点,保证安全。

3 获得的荣誉

公司获得的荣誉有:2014年,青年安全生产示范岗(共青团重庆市委授予公司质安部),重庆高速集团年终考核第一名;2015年,重庆市交通委员会“平安工地”考评第一名,重庆高速集团年终考核第一名;2016年,重庆市高速公路建设劳动竞赛先进单位(重庆市总工会授予),重庆市交通委员会高速公路项目建设单位上半年、下半年评价第一名,重庆高速集团年终考核第一名。

4 结语

规范化、科学化的管理为江綦高速公路安全工作的顺利开展提供了坚实的保障。项目自开工建设到交工验收,顺利实现通车目标,历时三年半,实现了安全生产“零事故”,属于重庆高速公路新千公里建设项目的首创工程,真正意义上实现了江綦高速公路建设“平安工地”。

江綦高速公路沥青路面施工工艺质量控制

马 达

（重庆江綦高速公路有限公司，重庆 401147）

摘 要：随着社会经济的迅猛发展，作为基础设施建设中的高速公路建设已成为城市建设的重中之重。在当前我国的高速公路建设中，沥青路面已被广泛采用。本文主要针对路面施工过程中工艺与质量的控制机型作简要分析和论述。

关键词：沥青路面；工艺；质量控制

1 概况

由我司承建的重庆三环高速公路江津至綦江段已于2016年通车。江綦高速全线48.4km，采用(4+6+8)cm沥青混凝土铺筑路面。为保证路面黑度，并提高抗滑耐磨性能，上面层所有粗集料由原设计石灰岩变更为玄武岩。在施工过程中，我司严格按照重庆市交通委员会“七不铺”的要求控制施工质量。下面就沥青路面施工工艺质量控制进行简要技术总结。

2 沥青路面施工工艺质量控制

2.1 基层准备和放样

铺筑沥青混合料前，应检查下承层的质量，严格报验制度，特别是要重点检查：标高是否符合要求（高出的部分必须用洗刨机刨除）；表面有无松散（局部小面积松散要彻底挖除，用沥青混凝土补充夯实，出现大面积松散要彻底返工处理）；平整度是否满足要求，不达标路段应进行处理。当下承层质量不符合要求，或未按规定洒布透层、黏层沥青或稀浆封层时，不得铺筑沥青面层。为了控制混合料的摊铺厚度，在准备好基层之后，应进行测量放样，即沿路面中心线和四分之一路面宽度处设置样桩，按照生产配合比确定混合料松铺厚度。

2.2 出料前的准备

（1）拌和站的设立

拌和站应在其设计、协调配合和操作方面，都能使生产的混合料符合生产配合比设计要求。拌和站必须配备足够试验设备的试验室,并能及时提供试验资料。我司在拌和站建立前期经过多次科学论证,分2个标段,分别在贾嗣与永新设立了拌和站,并引进了DJ4000型进口拌和设备。通过合理的场地规划,保证了原料的供应。

(2)加热设备

沥青混凝土拌和采用间歇式有自动控制性能的拌和机,能够对集料进行二次筛分,能准确地控制温度、拌和均匀度,计量准确、稳定、设备完好率高。

(3)运输设备

两个路面标段根据经过审批的施工组织计划,分别建立了运输车队,设立专人管理。采用干净、有金属底板的载重12t自卸翻斗车辆运送混合料,货箱内不得粘有机物质。为了防止尘埃污染和热量损失造成混合料温度下降,所有运输车辆全部采用防水帆布覆盖,货箱上角密封坚固,未摊铺卸料前禁止提前揭开帆布。沥青混合料运输车的运量应较拌和能力或摊铺速度有所富余,施工过程中摊铺机前方应有料车处于等待卸料状态,保证连续摊铺,杜绝停机待料现象的发生。

(4)摊铺及碾压设备

采用1台12m摊铺机全幅摊铺(加宽路段采用2台联合摊铺,以减少接缝),摊铺机具有自动找平功能、振捣夯击功能,精度要高,能够铺出高质量的沥青层。整平板在需要时可以自动加热,能按照规定的横断面和图纸所示的厚度在车道内摊铺。摊铺混合料时,摊铺机前进速度应与供料速度协调。摊铺机应配备整平板自控装置,其一侧或双侧装有传感器,可通过基准线和基准点控制标高和平整度,使摊铺机能铺筑出理想的纵横坡度。传感器应由参考线或滑橇式基准板操作。

压实设备配有双钢轮震动压路机2台、轮胎压路机3台、小型压路机1台。能按合理的压实工艺进行组合压实。

中、下面层摊铺机应用“走钢丝”参考线的方式控制标高,上面层摊铺机应用浮动基准梁(滑橇)的方式控制平整度。

(5)混合料的拌和

粗、细集料应分类堆放和供料,应对每个料源的材料进行抽样试验。每次开仓前各种规格的集料、矿粉和沥青都必须按生产配合比进行配料。

沥青材料采用导热油加热,加热温度应在160~170℃范围内,矿料加热温度为170~180℃,沥青与矿料的加热温度调节到能使拌和的沥青混凝土出厂温度在150~165℃;严禁出现花白料、超温料,混合料超过200℃应废弃,并应保证运到施工现场的温度不低于140~150℃。

沥青混合料的拌和时间应以混合料拌和均匀、所有矿料颗粒全部裹覆沥青结合料为度,并经试拌确定,每锅拌和时间宜为45s(其中干拌时间不得小于5s)。

(6)混合料的运输

从拌和机向运料车放料时,应每卸一斗混合料挪动一下汽车位置,以减少粗细集料的离析现象。尽量缩小储料仓下落的落距。

连续摊铺过程中运料车应在摊铺机前10~30cm处停住,不得撞击摊铺机。卸料过程中运料车应挂空挡,靠摊铺机推动前进。

2.3 摊铺

正常施工,摊铺温度不低于130~140℃,不超过165℃;在10℃气温时施工不低于140℃,不超过175℃。摊铺前要对每车的沥青混合料进行检验,发现超温料、花白料、不合格材料要拒绝摊铺,退回废弃。摊铺机一定要保持摊铺的连续性,有专人指挥,一车卸完下一车要立即跟上,以均匀的速度行驶,以保证混合料均匀、不间断地摊铺,摊铺机前要经常保持2辆料车以上,摊铺过程中不得随意变换速度,避免中途停顿,影响施工质量。摊铺机内料要饱料,送料应均匀。

对外形不规则路面、厚度不同、空间受到限制等摊铺机无法工作的地方,经监理业主批准采用人工铺筑混合料。

2.4 碾压

在混合料完成摊铺和刮平后应立即对路面进行检查,对不规则之处及时用人工进行调整,随后进行充分均匀地压实。压实分初压,复压和终压三个阶段。压路机应以均匀速度行驶,全程牢记紧跟、慢压、高频、低幅的原则。初压:摊铺之后立即进行(高温碾压),用双钢轮压路机完成(2遍),初压温度控制在130~140℃。碾压时应将驱动轮面向移。复压:复压紧接在初压后进行,采用胶轮压路机完成(3~5遍),通过胶轮的搓揉使混合料密实,达到设计规定的压实度。终压:终压紧接在复压后进行,采用双轮钢筒式压路机消除轮迹(终了温度>80℃)。对个别不好碾压的边缘位置,采用小型钢轮压路机完成碾压。在碾压期间,压路机不得中途停留、转向或制动。同时,应采取有效措施,防止油料、润滑脂、汽油或其他有机杂质在压路机操作或停放期间洒落在路面上。

2.5 接缝的处理

铺筑工作的安排应使纵、横两种接缝都保持在最小数量。由于工作中断或与旧沥青路面连接的纵缝,不能采用热接缝时,宜加设挡板或采用切刀切齐。铺另半幅前必须将缝边缘清扫干净,并涂刷黏层沥青。摊铺时应重叠在已铺层上5~10cm,摊铺后用人工将摊铺在前半幅上面的混合料铲走。碾压时先在已压实的路面上行驶，碾压新铺层10～15cm，然后再逐渐移动跨过纵缝，将纵缝碾压紧密。上下层的纵缝应错开15cm以上。表层的纵缝应顺直，且尽量位于车道的画线位置。恢复工作时，做成一道横缝。横缝应与铺筑方向大致呈直角，严禁使用斜接缝。横缝在相邻的层次和相邻的行程间均应至少错开1m，横缝应有一条垂直经碾压成良好的边缘。在下次行程摊铺前，应在上次行程的末端涂刷适量黏层沥青，以防渗水。

2.6 成品保护

在路面摊铺施工过程中，各项后续工程及交叉施工也在紧锣密鼓地进行。如果不采取相应措施，对已摊铺路段进行交通管制及保护，极易引发交通事故、造成路面污染，对路面质量造成不可挽回的影响。为此，我司作为业主单位经过多次与总监办、总包部、路面标段协商讨论，在不影响后续工程施工的前提下，严格路段卡口控制，减少周边污染源。通过发放传单、定期安全培训等方式加强宣传教育；通过科学合理的路障设置，杜绝超载超速现象的发生；通过成立巡查队伍，加强全线缺口的封闭及行人的劝导。在各方的齐抓共管下，江綦高速至通车前未发生一起交通事故及路面污染现象。

3 技术亮点

在整个江綦高速的路面摊铺施工中，除了常规的技术管理，也引进了一些新的监控、技术手段，下面将逐一介绍。

3.1 监控报警系统

在热拌站安装智能监控报警设备，对沥青数据监控（曲线）及查询（材料用量数据）、沥青配比情况查询（数据）、沥青理论配合比、沥青误差分析（曲线）进行监控。报警权限设置初、中、高三级，分设不同人群权限报警，一旦出现问题可及时督促纠偏整改。

3.2 精洗刨加抛丸工艺

桥面铺装采用精洗刨和抛丸结合的处理方式，不但可以加糙接触面，而且可以保护桥面钢筋，确保桥面沥青黏合牢固和摊铺的平整度。

3.3 自动调节宽度沥青摊铺机

在互通匝道施工时，可随时调整摊铺宽度，有效解决了匝道宽度变化引起的摊铺宽度不足的问题，避免设备拆卸，面层一次摊铺成型，保证了路面施工质量。

4 结语

以上几点简要阐述了我司在江綦高速建设过程中对沥青路面施工工艺与质量的控制要点，望对以后高速公路建设有所帮助。

江綦高速公路质量安全监理的几点措施

曹 峰

（深圳高速工程顾问有限公司，深圳 518000）

摘 要：重庆江津至綦江高速公路的建设是形成重庆三环高速公路、衔接对外射线高速公路、进一步完善区域高速公路网的需要，是加快以“都市区”为核心的一小时经济圈发展的需要。监理单位在完成《监理规范》及合同约定的工作外，还采取了几项措施，提升项目的质量安全监理水平、确保项目达到优良工程。

关键词：高速公路；质量；安全；监理；措施

1 工程概况

重庆江津至綦江高速公路的建设是形成重庆三环高速公路、衔接对外射线高速公路、进一步完善区域高速公路网的需要，是加快以“都市区”为核心的一小时经济圈发展的需要。江津至綦江高速公路起点起于G93成渝环线高速公路江津至合江段先锋互通附近，距离江津立交约2km。经过江津的先锋、金泉、青泊、贾嗣、五福、夏坝、广兴，綦江的北渡、永新等乡镇，路线终点位于綦江县城南侧与渝黔高速公路相连，距离綦万公路母家湾立交约4km。路线全长48.4km。沿线共设隧道(左洞9439m，右洞9351m)/4座，(左幅7605.1m、右幅7154.1m)/29座，涵洞通道6622.75m/147道(主线)。全线设置互通共6处，并对既有母家湾互通立交进行全互通功能完善改造，使该互通由原来的半互通变为高接高全互通。全线设先锋停车区1处和永新梨花山服务区1处。

全线按四车道高速公路标准建设，设计速度80km/h，整体式路基宽度24.5m，桥梁宽度为24.0m，全线桥涵设计汽车荷载等级为公路－Ⅰ级，涵洞与路基同宽，其余技术指标按《公路工程技术标准》(JTG B01—2003)执行。计划建设工期(自开工之日起)3.5年，缺陷责任期(自交工之日起)2年。

2 监理措施

2.1 机构设置

总监办组织机构中设置技术总监一职，邀请公司内部专家库成员到项目上担任技术总监,从技术层面对项目提供支持,分别安排了桥梁技术总监、隧道技术总监、房建技术总监等。技术总监定期巡视工地,每周不低于一次。对工地上发现的问题,现场进行处理。同时也定期召开专项技术培训会,由技术总监向各级监理人员讲解重点工程、重点工序的控制要点及一些注意事项。有了专家的技术支持,江綦项目总监办在安全、质量方面的管控能力得到进一步提升。

2.2 质量责任实名制度

积极贯彻和落实质量责任制度,工程质量责任到人。重点工序、部位挂牌管理。T梁预制填写质量管理卡,统一制作管理卡样本,将相关质量责任人的个人信息喷涂到每片T梁前进端右侧梁体。

2.3 提高项目的技术管理水平

从加强技术管理方面着手,通过建议业主聘请专家参与到项目实施过程中,为全项目及时提供有效的技术支持。项目实施过程中,业主长期聘请了桥梁、路面、房建、机电专家到施工现场检查指导。桥梁专家瞿光义教授多次到观音店綦江河特大桥、金银峡大桥、土槽湾綦江河特大桥施工现场进行指导。瞿教授从大桥的各种专项施工方案评审到施工现场各个环节,如挂篮安装、行走等工序的细节管控,都给予了悉心的指导。路面各个结构层试验段施工时,周进川教授都会到现场对工序施工的准备及原材料、机械设备配置等方面进行细致的检查和耐心的指导。机电专家马非、房建专家徐孝森等各专业领域的知名专家、教授都对本项目倾注了大量的心血,为项目的质量、安全及推进起到了重要作用。江綦项目3座跨綦江河T形钢构桥在各级领导及专家的指导下,合龙精度得到了有效的控制,合龙误差均在1cm以内,其中最小的合龙误差仅为4mm。

2.4 抓重点原材料控制和试验检测工作

加强原材料进场控制和试验管理工作:抓承包人工地试验室的筹建(规模、设备符合要求,人员有上岗证,仪器设备应经计量局标定合格);抓原材料和标准试验,在施工过程中为了确保桥梁上部的混凝土强度,通过对进场水泥进行强度、安定性等试验检测,发现拉法基等性能稳定的品牌大厂水泥各项检测指标明显优于其他水泥,因此总监办专门发文明确要求C50及以上高强度等级混凝土必须使用拉法基等性能稳定的品牌大厂水泥;抓施工中的自检和抽检试验;抓一些特殊的试验项目,如桥梁施工中用的支架系统静载试验、预应力系统锚具及其连接器的静载锚固试验、钢箱梁的金属探伤检测、桥梁支座的物理性能试验、桥梁桩基、墩台扩大基础和重要挡土墙等结构物基底的承载力试验,以及水下混凝土施工桩基的超声波检测或必要的钻芯试验等,隧道的超前

地质预报和监控量测工作。做好试验检测数据的统计分析,及时总结,评价。根据检测数据,对存在问题的检查项目提出相应的整改要求。

2.5 严格项目考核管理

总监办每个月会同业主组织月度质量安全检查,对各分部的各个工点的施工质量、文明施工、标准化建设达标情况等方面进行检查、考核。每季度将考核情况汇总并进行评比,对综合排名前3名的单位和个人进行奖励、表彰;对评为样板工程的分项工程颁发样板工程奖;对综合排名差的单位和个人酌情进行批评、罚款等处罚。

2.6 出现质量问题,严肃处理

在项目实施过程中,也发生了一些质量问题。质量问题发生后,总监办及时向业主汇报并督促施工单位上报处理方案。方案通过后,认真落实质量问题的处理情况,并举一反三,杜绝类似的问题在其他工点再次发生。对较为严重的质量问题,组织施工单位的相关人员召开现场工作会,并邀请业主、设计单位参加。如4号梁场T梁外观质量较差、5分部涵洞墙身混凝土外观质量差,错台、蜂窝麻面严重,针对这些问题组织全线相关单位和人员召开现场工作会,将外观质量差的T梁和涵洞墙身现场报废处理,以此增强项目各方参建人员的质量意识和责任心。

2.7 交通安全管理

平时加强对各单位的安全质量教育,对污染、损坏沥青面层的单位和个人进行严厉处罚。全线设置水码、移动式栏杆和移动式减速带、限速警示标志等设施。专门成立交通管制巡逻队,并配备专用车辆、测速器等设备。所有进出工地的道口派专人值守,严禁社会车辆入内。通过这些措施和手段,本项目在路面成品的质量保护及交通管制方面做得较好。

2.8 大力推广新材料、新设备、新工艺、新技术的使用

江綦项目上跨江合路、渝黔路的匝道桥梁体都采用钢箱梁。钢箱梁由厂家制作完成并经检验合格后运抵现场进行安装。采用这种工艺后,加快了施工进度、减少了对既有营运项目干扰、降低了交叉施工的安全风险;在工程造价方面,钢箱梁比混凝土现浇箱梁成本略高,但将经济性和安全性以及工程进度等各方面因素综合考量之后,使用钢箱梁是最佳的方案。6分部清溪河大桥现浇段、綦江互通现浇箱梁等支架都采用插盘式支架进行搭设。采用这种新材料搭设的支架在强度、刚度、稳定性方面超过了传统的扣件式和碗扣式支架。使用这种新型支架,极大地提高了大型支架的安全性。

2.9 业主的高标准、严要求是项目成功的保证

江綦项目一开始在业主高标准的要求下严格按照标准化的要求进行驻地建设，使项目有了较高的起点；在项目实施过程中，通过质量现场会、步行江綦等活动，有效地推进项目的质量、安全、进度控制；在项目后期，通过在施工现场召开办公会，逐项落实剩余工作，保证了项目的顺利收官。

3 结语

重庆三环高速公路江津至綦江段项目工程建设在交委质监局、业主的正确领导、关心和大力支持下，总监办和总包部的全体人员经过艰苦奋斗、共同努力、相互配合、齐心协力、克服了各种困难，顺利安全完成了合同内的全部工程项目。总监办通过采取多项措施，高效地完成了项目监理任务，为项目的建成添砖加瓦，贡献了自己的力量。

参 考 文 献

[1] 交通部基本建设质量监督总站. JTG G10—2006 公路工程施工监理规范[S]. 北京：人民交通出版社，2006.

[2] 交通部公路科学研究所. JTG F80—2004 公路工程质量检验评定标准[S]. 北京：人民交通出版社，2004.

江綦高速公路路面工程质量监控要点

孙修雷

（苏交科集团股份有限公司，南京　210019）

摘　要：作为重庆市“三环十射三联线”高速公路网规划中的三环内路线的重庆三环江津至綦江段高速公路建设收到社会各方面关注，苏交科集团股份有限公司承担了江綦高速公路路面施工质量监控工作，为此苏交科集团股份有限公司道路所成立了重庆江綦高速公路路面工程技术服务组，并安排经验丰富的成员对江綦高速路面工程实行全过程技术服务。路面质量监控组在业主单位、总包单位、施工单位、监理单位的全力配合下，圆满完成重庆江綦高速路面工程的质量监控工作。

关键词：高速公路；路面工程；质量监控

1　重庆江綦高速公路路面工程施工期间的质量监控重点

在重庆江綦高速公路路面工程沥青面层施工期间，监控组一方面继承往年比较成功的做法，另一方面结合本项目的特点，坚持以“施工质量控制”为导向和中心，以“保质量、抓进度”为目标，与业主、总包、总监办、施工单位多方共同协作，分析问题，商量对策，明确要点，及时解决，根据事前预控、事中严控、事后监控的方法保证江綦高速路面工程的施工质量控制。同时对影响沥青路面质量的关键工艺和环节进行了重点把关和控制，路面工程监控工作要点包括：原材料的质量控制、沥青混合料配合比设计和试验段铺筑、拌和楼沥青混合料生产稳定、现场施工工艺控制、成品路面产品的检测与质量反馈。

2　路面工程质量监控工作中的方案与措施

2.1　加强原材料的质量控制的措施

原材料的质量和性能直接决定着沥青混合料的性能，监控组从石料供应厂家选择时，即开始重视碎石质量。对各个拟定厂家碎石进行了压碎值、磨耗值、粉尘含量、针片状含量等常规指标全套的检测。集料、沥青、矿粉供应过程中仍然没有放松对集料质量的抽检工作。道路石油沥青及改性沥青在监控合同文件要求下开展工作，保证供应的每一批次基质沥青的三大指标满足设计与规范要求，供应的改性沥青满足质量要求。

2.2 重视沥青混合料配合比设计和试验段铺筑

良好的沥青路面，离不开良好的路面结构设计和混合料设计，在路面结构类型确定后，如何保证该类型混合料具有优良的路用性能，则是对混合料设计提出的最大挑战。因此，如何优化配合比、设计出高性能的混合料，一直是监控单位所关注的重点。江綦高速路面工程各种类型的沥青混合料严格坚持了目标配合比设计、生产配合比设计和生产配合比验证（即试拌试铺）三个设计阶段，并注重生产配合比的设计和验证工作，收到了较好的效果。

通过试验路的铺筑工作，一方面可以检验各施工机械性能是否正常，并确定合适的机械参数；另一方面，还可以检验室内设计的混合料是否利于现场施工质量控制。本项目业主高度重视试验路铺筑工作，在试验铺筑过程中，业主、监控组、总监办相关人员均能及时到场，认真检查每一个工序。试验路铺筑结束后，由业主牵头，组织各单位进行认真总结和交流，召开试验路铺筑总结会，为施工单位献计献策，合理制定大规模施工的各项施工参数。通过各面层后续施工铺面效果以及质量抽检数据表明，由试验段确定的参数科学、合理，均能很好地指导实际大规模施工。

2.3 确保拌和楼沥青混合料生产稳定

重庆三环江津至綦江段高速公路路面标采用的是一台德基4000型、一台西筑4000型间歇式拌和楼，整个拌和楼采用全自动生产，由计算机全程控制，并可以实时查看拌和楼的生产情况与各部件运行状况。拌和楼内设置有打印机装置，可以随时打印生产记录供技术人员查看。

沥青拌和楼在整个项目开展过程中，监控组重点关注拌和楼计量称重系统、数显温度的准确性及沥青混合料的拌和周期是否满足规范要求，同时注重沥青拌和楼设备操作人员的专业知识与日常拌和楼维护频率，以利于连续稳定的进行生产。

2.4 加强现场施工质量控制

为保证沥青路面的质量，路面施工单位投入了大量的人力、物力，施工单位在前后场的施工均能做到有条不紊，但在管理系统和自检系统方面还有待加强，沥青混合料前后场自检系统不够完善。监控组及时提出应加强现场管理，对每道工序施工进行严格把关。

在施工过程中监控组坚持以料场布局是否合理、拌和楼运行情况是否良好、运料车保温是否到位、碾压设备隔离剂使用是否合理、摊铺设备是否调整到最优、摊铺料位是否适当、混合料摊铺温度及终压温度控制、摊铺速度是否合理、碾压方案和组合是否到位、各环节温度检测是否齐全等环节作为沥青混合料施工工艺控制要求点。

2.5 桥面、隧道沥青面层铺装

重庆江綦高速公路桥隧比例较高,桥面沥青混凝土中面层采用的是与主线上、中面层相同的结构形式。隧道上面层添加温拌剂和阻燃剂。在检查桥面、隧道沥青面层质量时,局部存在压实度偏低、渗水系数偏大现象,说明局部漏压、压实不足。监控单位在发现问题后,第一时间与业主、监理、施工单位进行了问题分析并提出解决方案,从施工中增加沥青混合料温度控制、加强碾压管理等方面,有效减少桥面沥青面层的薄弱环节。

2.6 水泥稳定碎石基层控制要点

重庆江綦高速公路路面1分部垫层、底基层、基层均采用破碎砾石生产水泥稳定碎石混合料,在监控单位巡查过程中发现破碎砾石集料质量变异性较大、水泥剂量掺配变异性大,常常出现破碎面不足、单档集料级配变化较大、混合料水泥剂量过高或过低的情况。监控单位在发现问题后的第一时间与业主、监理、施工单位进行了问题分析并提出解决方案,且该问题得到圆满解决。解决方案如下:

(1)选用符合设计文件要求的砂砾母材用于破碎;

(2)定期检查碎石加工厂筛网尺寸与破碎设备状态,保证进场原材料质量稳定;

(3)定期标定水泥稳定碎石拌和楼水泥称量系统等,保证拌和楼生产出的水泥稳定碎石混合料质量稳定;

(4)对存在局部裂缝的基层粘贴抗裂贴,减少反射裂缝对沥青面层的影响;

(5)对水泥稳定碎石基层裂缝严重段落进行清理,并使用水泥稳定石灰岩混合料进行重铺。

3 江綦项目收获与体会

重庆三环江津至綦江段高速公路路面施工监控过程中,业主与总包单位的管理、施工单位的施工中都有很多的亮点,为监控工作顺利开展提供了大力的支持与配合,在施工过程中质量的控制与把关中发挥了强有力的作用,并为江綦高速沥青路面工程保质、保量地顺利完工奠定了良好的基础。同时,监控组也在开展工作的过程中从业主的管理、施工单位的施工过程控制中学到了很多值得推广的东西,为今后的监控工作提供了很多可以借鉴的宝贵经验:

(1)严格遵循集料准入制度及沥青质量控制制度

项目公司极其重视路面施工过程中的原材料质量,尤其是其中的集料与沥青。对集料实行准入制度,由参建各方考察,加工设备满足要求、质量抽检合格后方允许开始备料。并定期对集料加工厂进行考察,在供应过程中进行监督。针对沥青的供应也安排人员进行监控,要求到达拌和站的每车沥青必须经过检测且合格后方允许使用。

(2)对沥青路面施工质量严格要求

项目公司的领导十分重视沥青路面施工质量,对沥青路面施工严格管理,安排业主代表专项负责沥青路面施工过程中的控制,监理组、监控组每天对路面施工进行巡查,以便及时发现施工中存在的问题,并及时向项目公司领导进行汇报,并提出对应建议。

在沥青路面试验段施工过程中,施工前进行技术交底,施工后及时组织参建单位进行试验段的总结,为大规模施工进行技术参数的确定。在日常施工过程中,项目公司董事长、总经理等领导时常到摊铺现场视察,鼓励参建单位克服困难,保质保量地完成江綦高速路面工程项目。

(3)施工方密切配合

总包单位、施工单位的密切配合是监控工作顺利开展的前提,在路面施工监控过程中,施工单位始终采取积极的态度与监控组进行配合,认真听取监控组的合理化建议,积极采纳监控组提出的意见,及时采取相关措施对施工中存在的问题进行改正。可以说监控组在整个项目开展过程中基本没有遇到比较大的障碍,在施工单位的密切配合下顺利地完成了相关工作。

聚合物复合沥青储存稳定性试验研究

胡德勇

（重庆市智翔铺道技术工程有限公司，重庆　401336）

摘　要：本文针对聚合物复合改性沥青，经过不同温度和时间的储存后，测试改性沥青的基本性能，分析储存温度和储存时间对改性沥青性能的影响。为保证聚合物复合改性沥青的性能，提出了储存温度和储存时间的范围。

关键词：聚合物复合改性沥青；基本性能；储存稳定性

1　概述

江綦高速是重庆市三环高速公路的重要一段，直接联系了重庆市南部的綦江和江津两个重要次区域中心和区域中心，是重庆市西部和南部之间重要的快速联系通道，对完善全市骨架公路网布局、促进区域路网的整体等级和服务水平的提升以及沿线周边地区经济社会发展产生积极影响。本项目全线长48.4km，为双向四车道高速公路，设计速度为80km/h。其中共有桥梁25座，占全线的24.5%；隧道3座，占全线的17.6%。在部分桥梁中，桥面铺装下层采用的浇筑式沥青混凝土，利用其密封、防水的功能来增强桥面铺装的密水性。

聚合物复合改性沥青是浇筑式沥青混凝土中应用最为广泛的一种沥青结合料，其由基质沥青和多种改性剂组成，与目前国外浇筑式沥青混合料采用的沥青结合料性能上有一定的差异。

聚合物复合改性沥青采用的改性剂掺量较大，如SBS、SBR等改性剂。在改性沥青中，SBS、SBR等改性剂主要是通过搅拌、剪切等物理方法均匀分布在沥青中，并未和沥青发生化学反应。但又由于各改性剂与沥青之间的密度、极性、分子量以及溶解度参数的性质差异较大，大部分改性剂在沥青中不能形成稳定的均相体系，在长时间高温条件下，聚合物复合改性沥青里面的改性剂分子会“聚集”形成分层，导致改性沥青的性能发生改变。

因此，本文针对聚合物复合改性沥青的特点，设计试验方案，分析储存温度和储存时间对改性沥青性能的影响，并提出解决措施。

2 材料性能及试验方案

2.1 材料性能

本次研究试验时，采用SK70号基质沥青，按照工程实际推荐配合比制备出满足技术性能要求的聚合物改性沥青。SK70号沥青性能见表1，聚合物复合改性沥青性能见表2。

70号基质沥青性能 表1

性能指标	试验结果	性能要求
针入度(25℃)(0.1mm)	70.8	60～80
软化点(℃)	49.6	≥46
延度(10℃)(cm)	39.7	≥35

聚合物复合改性沥青性能 表2

性能指标	试验结果	性能要求
针入度(25℃)(0.1mm)	38.8	20～40
软化点(℃)	108.1	≥85
延度(5℃)(cm)	32.1	≥20

2.2 试验方案

将聚合物复合改性沥青储存在玻璃管或烧杯中，按照表3中的温度在烘箱中静止存放，当达到试验要求的时间时，取容器下半部分的改性沥青进行浇模成型，然后按照《公路工程沥青及沥青混合料试验规程》(JTG E20—2011)中要求测试其针入度、延度以及软化点，每个试验进行两组平行试验。

沥青储存温度及时间 表3

试验温度(℃)	时间 (h)				
180	24	48	—	—	—
160	24	48	96	144	192
140	24	48	96	144	192
120	24	48	96	144	192

3 储存时间对聚合物复合改性沥青性能的影响

根据表3中的试验方案进行改性沥青三大指标测试，分析储存时间对聚合物复合改性沥青性能的影响，影响趋势见图1～图3。

由图1可以看出，在不同温度下，随着存储时间的延长，聚合物改性沥青的软化点出现一定程度变化趋势。在存储温度为180℃、140℃、120℃时，其变化趋势是先降低，再逐渐上升；160℃时，软化点的变化受时间的影响较小。140℃时变化幅度最大，次之是180℃和120℃（两线几乎重合），160℃时变化幅度较稳定。

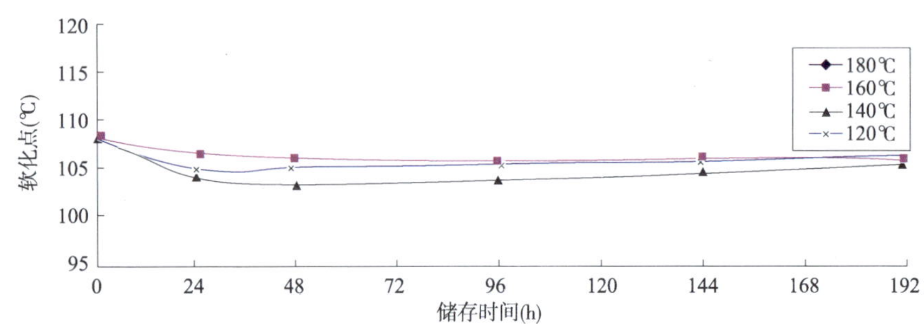

图1　不同储存时间下软化点变化趋势

在储存初期(24h)，每种温度下的软化点都出现急剧的下降，这说明聚合物复合改性沥青的软化点在储存初期就出现衰变。180℃、140℃和120℃温度下的沥青软化点变化趋势说明，短周期内沥青软化点变化较快，后期由于老化等原因，软化点逐渐上升。160℃时，聚合物复合改性沥青的软化点也在降低，但是后期基本保持稳定。

聚合物复合改性沥青中，在温度的作用下，早期聚合物改性剂与沥青发生离析，由原有的分散相向聚集态发展，引起改性沥青内部结构的不均匀性，这就引起早期聚合物复合改性沥青的软化点降低。随着储存时间的延长，聚合物改性剂逐渐上浮至表面，引起老化硬化现象，引起软化点的上升。

从图2可以看出，温度为180℃时，针入度出现明显下降，随着时间的延长，出现幅度较小的增加。在120℃到160℃的存储温度时，在储存时间144h内，聚合物复合改性沥青的针入度都出现下降。但储存时间超过144h时，针入度再次增加。

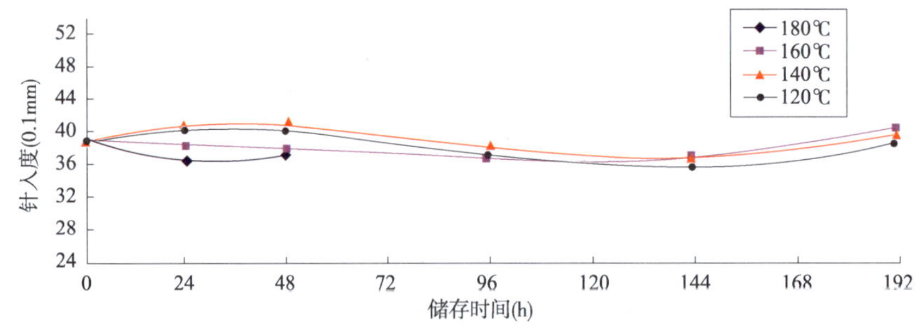

图2　不同储存时间下针入度变化趋势

在改性沥青中，改性剂以小分子状态存在。在温度作用下，改性剂小分子会移动出现聚集现象，同时也会出现溶胀作用。在储存初期(48h)，120℃和140℃下，改性剂分子运动较慢，聚集现象不明显，因此针入度变化不大；随着时间的延长(144h)，改性剂小分子出现聚集，引起内部改性剂分布不均匀，同时因为高掺量的改性剂，聚集后的絮状物增多，导致针入度减小。在储存后期，改性剂上浮并出现老化，使大部分沥青中改性剂含量减少，出现针入度增大的现象。

160℃和180℃属于高温储存，改性剂在早期就开始出现聚集现象，随着时间的推移，聚集速度加快且上浮速度也加快，这就导致针入度降低的时间提前，升高的时间也提前。

由图3可以看出，随着存储时间的延长，180℃、160℃、140℃温度下的聚合物改性沥青的延度呈现非常明显的下降趋势，其中160℃下的延度下降最快，180℃的次之，140℃的最小。但是，在120℃下，在96h储存时间下的延度变化很小，后期才出现延度的降低。

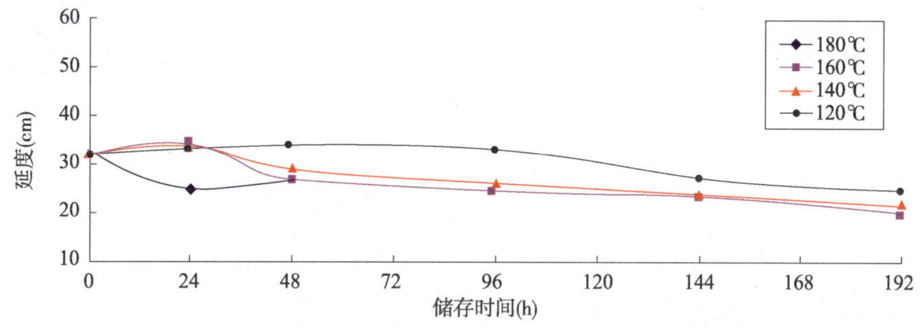

图3　不同储存时间下延度变化趋势

在储存早期(24h)，改性剂聚集现象对120℃、140℃、160℃的沥青延度影响不大；在储存后期，120℃下的聚集速度最慢，其对延度的影响也最小，140℃和160℃下的聚集速度加快，对延度影响较大；180℃下，改性剂聚集速度最快，并加上高聚物的降解和老化，都对改性沥青的延度产生影响。

4　储存温度对聚合物复合改性性能的影响

根据试验数据，分析储存时间对聚合物复合改性沥青性能的影响，影响趋势见图4～图6。

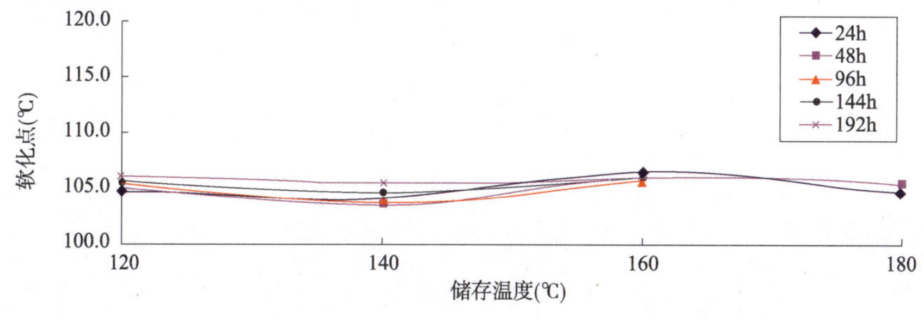

图4　不同储存温度下软化点变化趋势

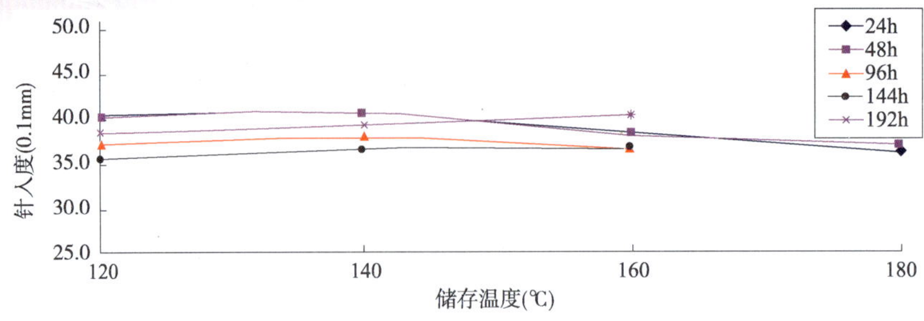

图5　不同储存温度下针入度变化趋势

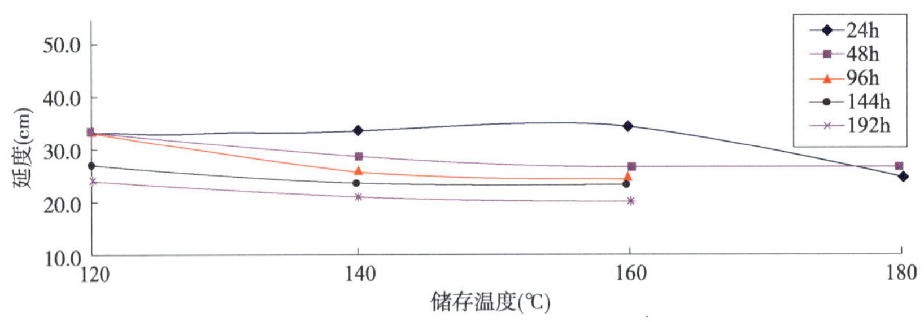

图6　不同储存温度下延度变化趋势

从图4可以看出,在140℃时,软化点最低,160℃时软化点最高,但是两者之差约3℃,变化区间非常小,说明储存温度对软化点的影响非常小。

120℃时,属于低温储存,对软化点的影响变小;140℃时,改性剂逐渐发生聚集,造成内部分布不均匀,软化点降低;160℃时,改性剂运动加速,聚集形成的絮状物增多,促使软化点上升;180℃时,属于高温储存,出现老化现象和聚合物分解,使改性剂失去改性作用,软化点降低。

从图5可以看出,192h储存时间下的改性沥青针入度随温度的升高,逐渐增大;其余四种储存时间下的改性沥青针入度在140℃储存时间下出现峰值,达到最大值。

192h(8d)的储存时间下,改性沥青中的改性剂聚集现象最明显,随着温度的升高,出现离析,改性剂在整个改性沥青中占有的体积变小,相对基质沥青的性能对针入度影响占主要地位,改性沥青黏滞性降低。因此,针入度逐渐增大。

其他四种储存时间下,120℃时,改性沥青性能相对稳定;140℃时,出现聚集现象,改性效果减弱,针入度增大;温度继续升高时,出现老化及离析,使针入度减小。

从图6可以看出,24h储存时间的聚合物复合改性沥青受温度影响较小,在超过160℃时,延度才开始出现衰变;其他几种储存时间的改性沥青,延度都要随着温度的上升,逐渐下降。

这说明短时间内,改性沥青延度受温度影响较小。在长时间和高温度作用下,改性沥青中的改性剂会发生很明显的聚集和离析现象,使整个改性沥青体系的均匀性被打破,改性剂的改性效果被减弱,延度也就出现衰减。

5 结论

通过分析时间和储存温度对聚合物复合改性沥青基本性能的影响规律分析,可以得出以下结论:

(1)聚合物复合改性沥青中,因为改性剂总掺量较高,在储存过程中会出现聚集现象,随着时间的延长和温度的升高,还会出现沥青和老化现象。

(2)储存条件对聚合物复合改性沥青的延度影响最大,针入度次之,软化点影响最小。

(3)针对延度,最适宜的储存时间为72h(3d),最适宜的储存温度为120℃;针对针入度,最适宜的储存时间为96h(4d),最适宜的储存温度为140℃。

因此,聚合物复合改性160℃储存时间不超过72h(3d),140℃储存时间不超过96h(4d),120℃储存时间不超过144h(6d)。若短时间内储存,应保持循环或搅拌;若需储存更长时间,应降低储罐的储存温度。

参考文献

[1] 胡德勇,吕奖国,王民,等.浇注式沥青混合料特点及发展动态[J].公路交通技术,2015(6):14-17.

[2] 吴文军,张华,钱觉时.浇注式沥青混凝土应用现状综述[J].公路交通技术,2009(3):59-62.

[3] 郝增恒,吴文军,盛兴跃,等.基于不同超热温度的浇注式沥青混合料高温性能[J].公路交通科技,2013,30(1):17-21.

[4] 孙大权,吕伟民.SBS改性沥青热储存稳定性研究[J].建筑材料学报,2006(6):671-674.

[5] 熊萍,郝培文.改善SBS改性沥青储存稳定性的措施与机理分析[J].2006,34(5):613-618.

[6] 肖川,蒋兴华,杨锡武,等.废旧塑料改性沥青储存稳定性试验[J].2011,30(5):943-947.

自研高黏改性沥青在江綦高速公路超薄磨耗层中的应用研究

张利军　叶　伟

（重庆市智翔铺道技术工程有限公司，重庆　401336）

摘　要：本文以我司自主研发的高黏改性沥青作为超薄磨耗层沥青胶结料，在完成不同级配类型（NovaChip、OGFC、SMA）的高黏改性沥青超薄磨耗层配合比设计的基础上，对高黏改性沥青超薄磨耗层 NovaChip、OGFC、SMA 进行了高温稳定性、低温抗裂性、水稳定性、抗滑性以及疲劳寿命路用性能试验研究，试验研究表明其路用性能均能满足现行技术规范的要求，可在江綦高速公路桥面铺装、隧道铺装中使用。

关键词：高黏；改性沥青；江綦高速公路；超薄磨耗层；应用研究

1　引言

江綦高速公路是重庆市三环高速公路的重要一段，直接联系了重庆市南部的綦江和江津两个重要次区域中心和区域中心，是重庆市西部和南部之间重要的快速联系通道，对完善全市骨架公路网布局、促进区域路网的整体等级和服务水平的提升以及沿线周边地区经济社会发展产生积极影响。该高速公路全线长 48.4km，为双向四车道高速公路，设计速度为 80km/h。其中共有桥梁 25 座，占全线的 24.5%；隧道 3 座，占全线的 17.6%。在江綦高速公路的隧道、桥面铺装中不仅能延长路面寿命、改善行驶质量、提高安全特性（包括抗滑与排水性能），同时能降低隧道的行车噪声。本文结合江綦高速公路的实际情况，对超薄磨耗层路用性能的优良与材料本身性质（特别是沥青胶结料）、矿料级配、施工工艺等因素有着重要关系进行研究，为其在江綦高速公路中的应用提供科学依据。

2　试验原材料及配合比设计

2.1　沥青

根据《公路沥青及沥青混合料试验规程》（JTG E20—2011）的规定和壳牌公司的 NovaChip 系统专用改性沥青技术标准，本文以我司自主研发的高黏改性沥青作为超薄磨耗层配合比设计及路用性能研究所用的沥青胶结料，其各项技术指标如表 1 所示。

高黏改性沥青技术指标　　表1

项　目		试验指标	技术要求	试验方法
25℃针入度(0.1mm)		42.6	40～60	T 0604
软化点(℃)		99.8	≥60	T 0606
弹性恢复(%)		98	≥75	T 0662
5℃延度(cm)		25.0	≥20	T 0605
135℃旋转黏度(Pa·s)		5.81	—	T 0625
60℃动力黏度(Pa·s)		51288	≥20000	T 0620
163℃ ±0.5℃ RTFOT后残留物	质量损失(%)	0.07	-1.0～+1.0	T 0610
	25℃针入度比(%)	76	≥65	T 0604
	5℃延度(cm)	17.1	≥15	T 0605

2.2 集料

(1)粗集料

粗集料的压碎值和冲击值均采用规范《公路工程集料试验规程》(JTG E42—2005)中的相关试验方法测定,其各项指标和力学性能指标具体结果分别见表2。

粗集料技术指标　　表2

项　目		试验指标	技术要求	试验方法
粗集料技术指标	石料压碎值(%)	11.2	≤26	T 0316
	洛杉矶磨耗损失(%)	10.3	≤28	T 0317
	表观相对密度(g/cm^3)	2.87	≥2.6	T 0304
	吸水率(%)	1.16	≤2.0	T 0304
	针片状颗粒含量(%)	3.1	≤15	T 0312
	软石含量(%)	0.11	≤3	T 0320

(2)细集料

采用规范《公路工程集料试验规程》(JTG E42—2005)中的相关试验方法测定,其各项指标和力学性能指标具体结果分别见表3。

细集料技术指标　　表3

项　目		试验指标	技术要求	试验方法
细集料技术指标	表观相对密度(g/cm^3)	2.81	≥2.5	T 0328
	坚固性(%)	15	≥12	T 0840
	含泥量(%)	0.8	≤3.0	T 0333
	砂当量(%)	89	≥60	T 0334
	亚蓝甲值(g/kg)	17	≤25	T 0346
	棱角性(s)	40	≥30	T 0345

(3)矿粉

根据《公路工程集料试验规程》(JTG E42—2005)中的规定进行测试,其矿粉的各项技术指标如表4所示。

填料技术指标　　表4

项目			试验指标	技术要求	试验方法
矿粉技术指标	表观相对密度(g/cm^3)		2.73	≥2.5	T 0352
	亲水系数		0.4	<1.0	T 0353
	塑性指数		2.5	<4.0	T 0354
	加热安定性		良好	实测记录	T 0355
	粒度范围(%)	<0.6mm	100	100	T 0351
		<0.15mm	94	90～100	
		<0.075mm	85	70～100	

2.3 矿料级配合成

通过现有的级配理论和级配计算方法,参考国内外相关规范和施工经验,经研究分析,本文选用 NovaChip-10、OGFC-10、SMA-10 作为本次研究的超薄磨耗层级配类型。

(1)Novachip-10 级配合成

借鉴《壳牌超薄磨耗层 NovaChip®系统施工技术指南》关于 Novachip 的级配范围完成对 Novachip-10 的级配合成,该种混合料的级配类型属于典型的半开级配,Novachip-10 的级配范围及级配合成如表5和图1所示。

Novachip-10 中级配合成　　表5

粒径(mm)	合成级配通过率(%)	级配上限通过率(%)	级配下限通过率(%)	级配中值通过率(%)
13.2	100	100	100	100
9.5	87.57	100	80	90
4.75	31.38	35.00	20.00	27.5
2.36	22.75	30.00	18.00	24
1.18	15.78	22.00	10.00	16
0.6	12.50	16.00	6.00	11
0.3	7.99	12.00	5.00	8.5
0.15	7.90	10.00	4.00	7
0.075	6.19	7.00	4.00	5.5

(2)OGFC-10 和 SMA-10 级配合成

根据我国《公路沥青路面施工技术规范》(JTG F40—2004)已对其进行了详细说明,

参照规范规定的OGFC和SMA级配范围,OGFC-10和SMA-10矿料级配合成结果分别如表6、表7和图2、图3所示。

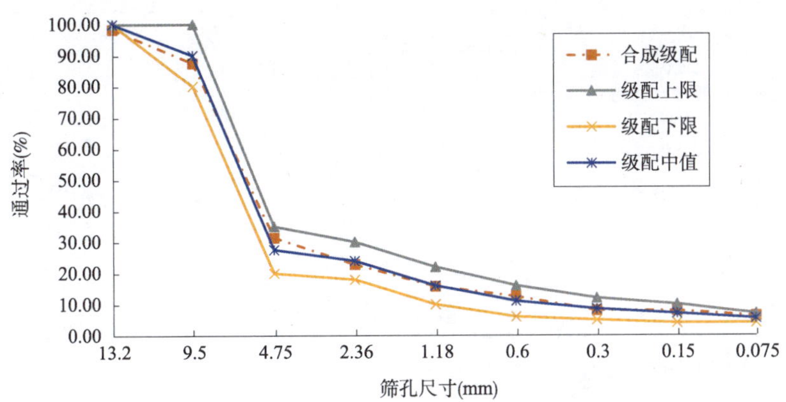

图1 Novachip-10中级配合成曲线

OGFC-10级配合成结果 表6

粒径(mm)	合成级配通过率(%)	级配上限通过率(%)	级配下限通过率(%)	级配中值通过率(%)
13.2	100	100	100	100
9.5	93.00	100	90	95
4.75	60.23	70.00	50.00	60
2.36	19.27	22.00	10.00	16
1.18	12.51	18.00	6.00	12
0.6	9.69	15.00	4.00	9.5
0.3	5.87	12.00	3.00	7.5
0.15	5.79	8.00	3.00	5.5
0.075	4.59	6.00	2.00	4.00

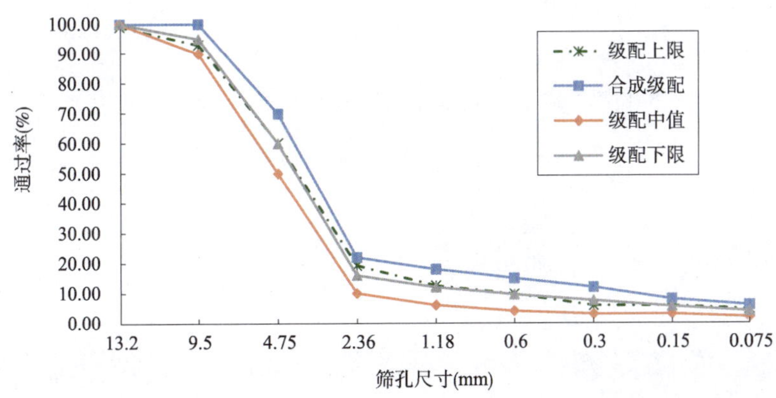

图2 OGFC-10合成级配曲线

SMA-10 级配合成结果　　表 7

粒径(mm)	合成级配通过率(%)	级配上限通过率(%)	级配下限通过率(%)	级配中值通过率(%)
13.2	100	100	100	100
9.5	95.76	100	90	95
4.75	44.66	60.00	28.00	44
2.36	27.12	32.00	20.00	26
1.18	20.27	26.00	14.00	20
0.6	17.15	22.00	12.00	17
0.3	11.91	18.00	10.00	14
0.15	11.78	16.00	9.00	12.5
0.075	10.61	13.00	8.00	10.50

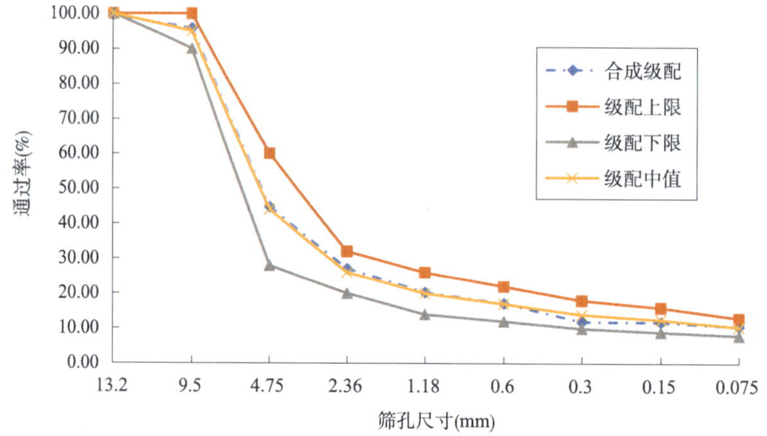

图 3　SMA-10 合成级配曲线

2.4　最佳油石比的确定

高黏超薄磨耗层 Novachip-10、OGFC-10、SMA-10 最佳油石比均通过马歇尔配合比设计法进行确定，具体试验结果如下所示。

(1)高黏 Novachip-10 最佳油石比的确定

不同初试油石比下的高黏 Novachip-10 配合比设计试验结果如表 8 所示。

高黏型 Novachip-10 最佳油石比试验结果　　表 8

油石比(%)	4.0	4.4	4.8	5.2	技术要求
空隙率 VV(%)	16.18	15.50	14.93	14.63	≥10
矿料间隙率 VMA(%)	21.70	21.84	22.09	22.56	≥20
沥青饱和度 VFA(%)	25.44	29.02	33.39	35.16	25 ~ 50
马歇尔稳定度(kN)	7.50	7.96	8.13	6.93	≥6
油膜厚度(μm)	7.94	8.71	9.96	10.21	>9
谢伦堡沥青析漏损失(%)	0.03	0.04	0.04	0.06	≤0.1

通过对比四组不同油石比下的高黏 Novachip-10 马歇尔试验结果发现,4.0% 和 4.4% 油石比下的高黏 Novachip-10 沥青饱和度及油膜厚度不能满足技术要求,而 4.8% 和 5.2% 油石比下的高黏 Novachip-10 马歇尔力学及体积参数以及油膜厚度均能满足指南所规定的技术要求,但 5.2% 油石比下的马歇尔稳定度较小,高温性能较差,且 4.8% 油石比下的高黏 Novachip-10 析漏损失率较大。综合以上试验结果,分析得出 4.8% 油石比下的高黏 Novachip-10 马歇尔试验结果及油膜厚度均达到指南所规定的技术要求,高黏 Novachip-10 的最佳油石比定为 4.8%。

(2)高黏 OGFC-10 最佳油石比的确定

不同初试油石比下的高黏 OGFC-10 配合比设计试验结果如表 9 所示。

高黏型 OGFC-10 最佳油石比试验结果 表 9

油石比(%)	4.8	5.1	5.4	5.7	技术要求
空隙率 VV(%)	22.1	21.3	21.0	20.2	18~25
马歇尔稳定度(kN)	6.19	7.11	8.55	7.96	≥3.5
谢伦堡沥青析漏损失(%)	0.09	0.07	0.05	0.06	<0.3
肯特堡飞散损失(%)	11.9	8.3	7.8	7.5	<20

根据以上试验结果分析,四组不同油石比下的高黏型 OGFC-10 空隙率、稳定度、沥青析漏及飞散损失率均能满足规范要求,但 5.4% 油石比下的高黏型 OGFC-10 稳定度最大、沥青析漏损失率及混合料飞散损失率最小,其高温性能更佳、黏附集料性能更好,故高黏 OGFC-10 的最佳油石比定为 5.4%。

(3)高黏 SMA-10 最佳油石比的确定

不同初试油石比下的高黏 SMA-100 配合比设计试验结果如表 10 所示。

高黏型 SMA-10 马歇尔试验结果 表 10

油石比(%)	6.0	6.3	6.6	6.9	技术要求
空隙率 VV(%)	6.69	5.90	3.63	4.86	3~4.5
矿料间隙率 VMA(%)	17.68	17.57	17.10	17.81	≥16.5
沥青饱和度 VFA(%)	62.33	66.44	78.89	72.69	75~85
马歇尔稳定度(kN)	10.43	11.49	9.67	9.77	≥6
流值(mm)	4.24	4.89	3.99	4.26	2~5
谢伦堡沥青析漏损失(%)	0.06	0.04	0.04	0.05	≤0.1
肯特堡飞散损失(%)	8.9	7.3	6.8	7.1	≤15

通过四组不同油石比下的马歇尔试验结果对比分析后得出,唯独 6.6% 油石比下的高黏型 SMA-10,无论是马歇尔体积及力学参数还是沥青析漏损失率、飞散试验损失率均达到规范要求,据此,将 6.6% 定为高黏 SMA-10 的最佳油石比。

3　高黏沥青超薄磨耗层路用性能对比试验

3.1　高温稳定性

根据现行规范要求进行车辙试验，试验结果如表 11 所示。

超薄磨耗层车辙试验结果对比　　表 11

混合料类型	Novachip-10	OGFC-10	SMA-10
DS 均值(次/mm)	8357	7400	6053
技术要求(次/mm)	≥3000		

由以上试验结果得出以下结论：

60℃动稳定度从大到小依次是：Novachip-10 > OGFC-10 > SMA-10。

究其原因：

(1)高黏沥青胶结料的软化点较高(110℃左右)，为混合料高温抗车辙性能的提升创造了先决条件；

(2)Novachip 属于典型的半开级配骨架空隙型结构，OGFC 属于开级配骨架空隙型结构，粗骨料之间的嵌挤作用较强，因此具备较高的动稳定度；而修正后的 SMA-10 级配略微偏细，对其高温性能有所影响，因此高温稳定性次于其他两种级配的混合料。

3.2　低温抗裂性能

按照现行规范要求成型 250mm × 30mm × 25mm 的标准小梁试件，进行 –10℃低温弯曲试验，试验结果如表 12 所示。

超薄磨耗层低温弯曲破坏最大弯拉应变对比　　表 12

级配类型	Novachip-10	OGFC-10	SMA-10
最大弯拉应变 $\mu\varepsilon(10^{-6})$	3377	2850	3157
技术要求(次/mm)	≥2500		

由以上试验结果得出以下结论：

(1)以上三种级配下的超薄磨耗层的低温抗裂性能均能达到规范要求，试件破坏时的最大弯拉应变均大于 2500με；

(2)混合料低温抗裂性能依次为：Novachip-10 > SMA-10 > OGFC-10。

究其原因：

Novachip-10 粗集料含量最高(4.75mm 粒径以上达 68.2%)，其骨架结构相对最为牢固，其次是 SMA-10(4.75mm 粒径以上达 55.3%)，且 SMA-10 中掺入了适量的木质素纤维，纤维的加入在混合料中起到了加筋的作用，有助于提高混合料的抗弯拉性能，最后是 OGFC-10(4.75mm 粒径以仅为 39.8%),相比之下骨架结构的牢固性较为薄弱。

3.3 水稳定性

按照现行规范要求,采用马歇尔残留稳定度和冻融劈裂试验对混合料的水稳定性进行评价,试验结果见表 13、表 14 所示。

高粘型超薄磨耗层浸水马歇尔残留稳定度试验结果对比　　表 13

级配类型	Novachip-10	OGFC-10	SMA-10
MS0 均值(%)	88.10	87.75	92.79
技术要求(次/mm)	≥80		

超薄磨耗层冻融劈裂试验结果对比　　表 14

级配类型	Novachip-10	OGFC-10	SMA-10
TSR(%)	87.5	86.59	91.89
技术要求(次/mm)	≥80		

由以上试验结果得出以下结论:

(1)三种级配下的冻融劈裂试验的残留强度比以及马歇尔残留稳定度都满足现行规范大于 80% 的要求。

(2)混合料低温抗裂性能依次为:SMA-10 > Novachip-10 > OGFC-10。

究其原因:

空隙率是影响沥青混合料水稳定性能的关键因素。三种级配中,密集配 SMA 冻融劈裂残留强度比和浸水马歇尔残留稳定度均大于 90%,半开级配 Novachip 的冻融劈裂残留强度比和浸水马歇尔残留稳定度次之,而空隙率最大的 OGFC 冻融劈裂残留强度比和浸水马歇尔残留稳定度则最小。

3.4 抗滑性能研究

按照现行规范分别采用构造深度和摩擦系数两种度量值来表征路面抗滑性能。

(1)构造深度试验

表面构造深度试验结果见表 15。

不同级配类型下高黏型超薄磨耗层表面构造深度　　表 15

级 配 类 型	摊平砂的平均直径(mm)	构造深度(mm)	技 术 要 求
Novachip-10	151	1.40	≥0.55
OGFC-10	162	1.21	
SMA-10	201	0.79	

图 4 中从左到右依次是 Novachip、OGFC、SMA 进行铺砂法表面构造深度试验的标准

砂分布情况。在标准砂用量一定的情况下，SMA 所铺砂的区域面积要明显大于 Novachip 和 OGFC 的区域面积。

图 4　不同级配类型下的高黏型超薄磨耗层表面铺砂构造

试验结果及分析：

①我国相关规范要求路表构造深度大于 0.55mm，本研究中的四种不同级配的高黏型超薄磨耗层沥青混合料路面构造深度均符合规范要求。

②不同级配类型的沥青混合料构造深度的大小关系为：Novachip > OGFC > SMA，Novachip 和 OGFC 混合料属于骨架空隙型结构，矿料级配形成了骨料嵌挤结构，而细集料和填料相对较少，空隙率较大，从而具有较高的表面构造深度。

（2）摩擦系数试验

摩擦系数的大小与沥青混合料级配、最大粒径及空隙率有着密切的关系，在测定沥青路面的抗滑性能时，摆式摩擦系数仪是用于评价沥青路面在潮湿状态下的抗滑能力的不二之选，虽然有一定的局限性，但目前它仍是反映沥青路面在潮湿状态下抗滑能力的有效措施。试验结果见表 16。

不同级配类型下的高黏型超薄磨耗层抗滑系数对比　　表 16

级配类型	摩擦系数	4.75mm 筛孔通过率（%）
Novachip-10	72	31.38
OCFC 10	63	60.23
SMA-10	65	47.3

试验结果及分析：

①不同级配类型下的高黏型超薄磨耗层抗滑系数排序为：Novachip > SMA > OGFC。

②一般情况下，抗滑系数越大说明混合料路面抗滑性能越好，这其中与混合料的级

配类型和粗集料所占比例密不可分,试验所用的三种级配类型混合料都是粗骨料嵌挤型结构,而且粗集料含量越高,其表面在轮碾作用下产生的摩擦阻力越大。Novachip 粗集料含量最高,其抗滑性能最佳;SMA 虽然骨料较多,但油石比较高,沥青在粗集料表面会形成一层厚厚的油膜,较厚的油膜会降低集料表面的粗糙程度,进而摩擦阻力会得到相应的削弱,导致 SMA 与 OGFC 的抗滑性能无明显差别。

3.5 疲劳寿命试验研究

超薄磨耗层相比普通沥青混合料更加轻薄,在荷载的反复作用下其抗疲劳开裂性能的好坏直接关系到整个罩面的路用性能发挥和使用寿命。目前,评价沥青混合料疲劳性能的试验研究方法主要是四点弯曲疲劳寿命试验,本文参照《公路工程沥青及沥青混合料试验规程》(JTG E20—2011)关于沥青混合料四点弯曲疲劳寿命试验的试验规程,分别在 400με、600με、800με 三个应力水平下开展疲劳寿命试验研究,标准试验温度 15℃,试验结果如表 17 所示。

不同应变水平下的高黏型超薄磨耗层疲劳寿命测试结果　　表 17

应变水平	级配类型	初始弯曲劲度模量(MPa)	终止弯曲劲度模量(MPa)	加载循环次数(次)
400	Novachip-10	7065	3522	398650
	OGFC-10	4373	2176	588740
	SMA-10	10007	4996	>1000000
600	Novachip-10	5223	2607	92340
	OGFC-10	3795	1888	126910
	SMA-10	9837	4910	193910
800	Novachip-10	5110	2537	7870
	OGFC-10	3602	1798	10540
	SMA-10	9453	4717	16400

试验结果及分析:

(1)混合料的疲劳性能随着应变水平的增加而急速递减,当应变水平为 800 时,其疲劳寿命仅为应变水平为 400 时的 10%,由此可知,长时间的超载会极大地降低沥青路面的使用寿命。

(2)在同一应变水平下,三种不同混合料的疲劳寿命依次为:SMA-10 > Novachip-10 > OGFC-10。分析其原因为,SMA 为骨架密实型,其级配类型决定了其疲劳寿命,其余两种混合料的空隙率均大于 SMA,在长期反复的外荷作用下,其级配间的嵌挤能力会急速衰减,进而到达破坏极限。

4 结论

(1)不同级配类型下的自研高黏改性沥青超薄磨耗层高温抗车辙性能满足现行规范要求,其高温稳定性从优到良依次为:Novachip-10 > OGFC-10 > SMA-10。

(2)自研高黏改性沥青超薄磨耗层低温抗裂性能满足现行规范要求,其中 Novachip-10、SMA-10 低温环境下的最大弯拉应变值差异不大,且低温抗裂性能相比 OGFC-10 较好。

(3)三种级配类型下的自研高黏改性沥青超薄磨耗层冻融劈裂试验的残留强度比以及马歇尔残留稳定度都满足现行规范大于 80% 的要求,不易出现水损坏,其中高黏改性沥青 SMA 的水稳定性明显优于 Novachip 和 OGFC。

(4)通过构造上深度试验和摆式摩擦系数试验得出,不同级配类型下的自研高黏改性沥青超薄磨耗层的抗滑性能满足现行规范要求,且抗滑性能从大到小依次为:Novachip > OGFC > SMA。

(5)在同一应变水平下,三种不同级配的自研高黏改性沥青超薄磨耗层疲劳寿命依次为:SMA-10 > Novachip-10 > OGFC-10,且 SMA-10 的疲劳寿命明显高于 Novachip-10、OGFC-10。

参考文献

[1] 杨献章,凌建兴,吴超凡,等. Novachip 超薄磨耗层沥青混合料使用性能评价[J]. 公路工程,2013(01).

[2] 周礼. 高黏结超薄磨耗层罩面技术研究[D]. 重庆:重庆交通大学,2013.

[3] 刘好. 超薄磨耗层沥青混合料性能对比研究[D]. 西安:长安大学,2011.

[4] 祝斯月, 陈拴发,秦先涛,等. 基于灰关联熵分析法的高粘改性沥青关键指标[J]. 材料科学与工程学报,2014(06).

[5] 刘俊龙,马德林,张乾功,等. 排水性沥青混凝土路面 OGFC-13 配合比设计[J]. 公路,2009(06).

[6] 朱曼,张肖宁,胡斌. 基于不同试验方法的沥青高温性能评价[J]. 交通科学与工程,2015(01).

[7] 邢明亮,陈拴发,关博文,等. 高黏沥青胶浆低温性能评价与分析[J]. 西安建筑科技大学学报(自然科学版),2013(03).

[8] 胡建荣,张益,张文刚. 基于非线性方程的高粘沥青热氧老化性能研究[J]. 中外公路,2013(02).

浅谈承插型盘扣支架在江綦高速公路现浇箱梁施工中的应用

郑国徽[1]　李永灿[2]

(1. 重庆江綦高速公路有限公司,重庆　401147;2. 中国葛洲坝集团第五工程有限公司,宜昌　443002)

摘　要:随着科技的发展,在交通建设工程领域人们越来越注重结构合理、经济实用、有安全保障的材料来辅助完成混凝土构造物的建造。本文结合重庆江綦高速公路率先使用承插型盘扣支架,相较传统钢管支架,盘扣支架具有安全、搭拆方便、施工速度快等特点,实现了安全集约。

关键词:承插型盘扣支架;江綦高速公路;现浇箱梁

1　前言

现阶段,在公路建设中现浇箱梁支架普遍采用碗扣式钢管支架、扣件式钢管支架、钢管柱及贝雷梁等,但该类型支架与承插型盘扣支架相比较,没有盘扣支架具有的安全、搭拆方便、施工速度快等特点。本文针对以往高速公路现浇桥梁工程中传统满堂支架普遍存在的问题,结合重庆三环高速现浇箱梁工程实际应用,展现承插型盘扣支架与传统支架不同的设计理念与施工工艺,从而来解释承插型盘扣式支架在安全保障、质量保障、节约工期、节约人工、节约材料、节约成本等方面的推广价值。经在重庆三环高速桥梁工程的实践应用总结形成本工法。

2　工法特点

2.1　材料特点

施工中所选用的材料是立杆为 ϕ60.2mm、管壁厚为 3.2mm、材质 Q345B;横杆及斜杆为 ϕ48.4 × 厚 2.5mm 钢管、材质 Q345 的承插型盘扣支架。该类型支架较传统型的扣件钢管脚手架具有几点十分明显的优点,如:

(1)杆件采用低合金高强度钢,承载能力高,安全系数好。

(2)竖向拉杆、水平拉杆和斜拉杆使支撑架具有了很好的稳定性。材料用量少,安装快捷、简便,效率高。

(3)杆件经过热镀锌防腐处理,坚固耐用,周转次数高,节约成本。

(4)承插型盘扣式脚手架以其搭设速度快、效率高、极大地减少人工消耗、大幅度缩短施工工期,以及传力路径清晰、结构安全稳定、无零散部件、不易丢失,且耐用性高、外形美观等优先广受社会好评。

2.2 结构形式特点

建筑施工承插型盘扣式脚手架支架由立杆、水平杆、斜杆、可调底座及可调托座等构配件构成。立杆采用套管或连接棒承插连接,水平杆和斜杆采用杆端扣接头卡入连接盘,用楔形插销快速连接,形成结构几何不变体系的钢管支架,也简单称其为速接架。另外,盘扣支架是个相对独立的塔式结构,不仅可作为管支撑,同时还可以作为支撑架,便于调整。另外支架上下调整座高度灵活,立杆垂直度及横杆水平度方便调整;塔式结构单元的架体内部方便合理设置施工通道,方便工人作业。

2.3 搭拆工艺特点

圆盘式脚手架具有基本构件少,架设及拆卸作业方便,横杆、斜拉杆与立杆连接,用一把铁锤敲击楔形销即可完成搭设与拆除,施工速度快,工效高。全部杆件系列化、标准化,便于仓储、运输和堆放。

2.4 结构受力特点

立杆上的圆盘与焊接在横杆或斜拉杆上的插头插紧,接头传力可靠;立杆与立杆的连接为同轴心承插,各杆件轴心交于一点。架体受力以轴心受压为主,由于有效拉杆的连接,架体的每个单元近似于格构柱,因而承载力高,不易发生失稳。高强度钢材设计制造的连接扣件,结构简单、受力稳定、安全可靠,插销具有自锁功能,完全避免了作业过程中的不安全因素。另外,扣件和支柱的接触面大,从而提高了钢管的抗弯强度,并可确保二者相结合时,支柱不会出现歪斜。

2.5 节省材料、绿色环保

与其他支撑体系相比,在同等荷载情况下,节省相应的运输费、搭拆人工费、管理费、材料损耗等费用。

3 适用范围

本工法适用于桥梁施工中现浇箱梁支架搭设、交通保通中门洞支架搭设、墩柱施工的双排脚手架搭设等。特别在高墩支架现浇箱梁桥中采用,可以有效加快工程进度,确保施工安全。

4 工艺原理

盘扣式钢管脚手架由立杆、水平杆、斜杆、可调底座及可调托座等构配件构成。立杆采用套管或连接棒承插连接,水平杆及斜杆采用杆端扣接头卡入连接盘,用锲形插销快速连接,形成结构几何不变体系的盘扣式钢管脚手架,如图1所示。

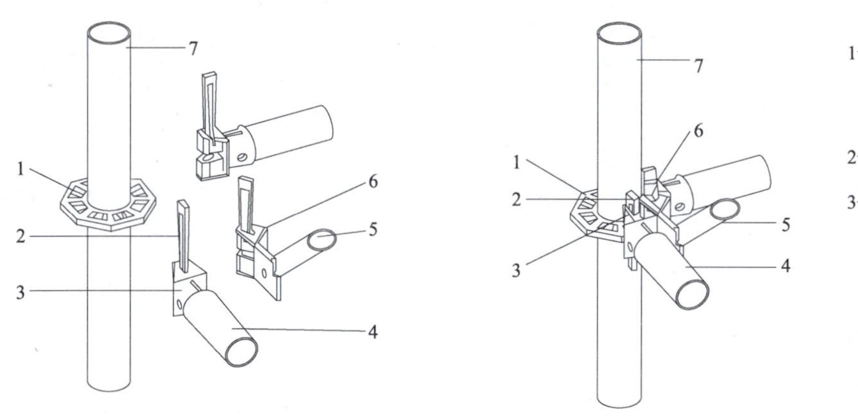

1-连接盘;2-插销;3-水平杆杆端扣接头;4-水平杆;5-斜杆;6-斜杆杆端扣接头;7-立杆

a)

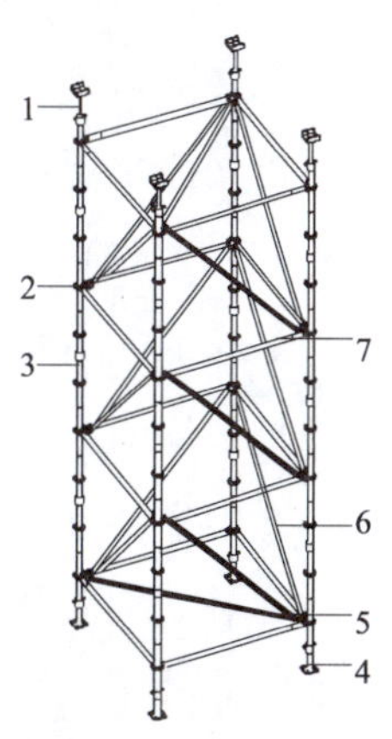

1-可调托座;2-盘扣节点;3-立杆;4-可调底座;5-水平斜杆;6-竖向斜杆;7-水平杆

b)

图1 承插型盘扣式钢管支架

5 工艺流程及施工要点

5.1 支撑架的受力特点

在现浇箱梁的模板支撑架中,混凝土、钢筋、模板的自重及施工荷载、振捣混凝土时对模板产生的冲击荷载,由模板的小楞传至大楞,再由大楞传至支架。支撑架通过立杆、纵横水平杆、斜杆、剪刀撑等形成几何不变体系,保持局部及整体稳定,将上部荷载稳定地传递到基础之上,确保支撑体系结构稳定和作业安全。

5.2 支架搭设工艺流程

编制方案及方案的审核、审批(超高的模板支撑体系还要组织专家进行论证)→地基基础处理→地基基础承载力验收且合格→测量放样→安装底座、调整水平→安装立杆、水平杆、斜杆→支架的验收且合格→支架的预压→高程调整→进行模板安装程序。

5.3 主要施工要点

(1)方案的编制及审核、审批

根据工程实际情况对模板支撑架的立杆间距、横杆步距、梁底分配梁间距、基础等进行设计,然后按照设计规范进行计算验算,各项验算均必须合格。在确定立杆间距、横杆步距等参数时,应尽可能采用现有市场模数设置。

按要求将方案报送公司职能部门及监理单位审核、审批。对于支撑高度超过 20m 的模板支撑系统,还应组织专家组进行方案论证。

(2)施工准备

①施工人员熟悉箱梁施工图纸及支架设计图、施工方案,仔细了解现场情况,做到搭设脚手架前心中有数。

②脚手架施工人员进场前,首先对现场操作人员进行安全教育、培训。并依据脚手架方案对支架安装和使用人员进行安全、技术交底。

(3)基础处理

盘扣式钢管脚手架与传统的碗扣式钢管脚手架比较,盘扣支架对地基承载力要求较高。因此搭设支架前,必须对地基承载力试验,确定地基承载力是否满足,该现浇箱梁盘扣式支架的设计值,若不满足必须对基础进行处理。为防止施工过程中受天气影响,雨水软化支架基础,浇筑 15 ~ 20cm 混凝土封闭层,宽度为箱梁投影外 1m,浇筑混凝土面要求平整,便于支架搭设,同时,混凝土浇筑时,需在混凝土顶面设置排水坡,四周需开挖排水沟,保证基础混凝土面整洁、不积水,在基础强度达到 90% 后方可进行支架搭设。

(4)支架搭设

①基础放样:依照支撑架配置图纸上尺寸标注,正确放样并墨斗弹线,检查放样点是否正确,备料人员依搭架需求数量,分配材料并送至每个搭架区域,依脚手架施工图纸将调整底座正确摆放。

②垫木安装:安装钢管立杆之前先铺垫板,垫板可用木板或采用混凝土六菱块进行支垫。铺设垫木之前用水准仪进行地基顶部找平,以便支架搭设立杆垂直度保证。

③支架搭设:将立杆垂直于地面竖立,横杆与立杆垂直平移至圆盘处,使圆盘置于横杆接头内,并与圆盘小孔对应,将插销竖立并按下,使插销插入圆盘小孔和横杆接头,最后使其完美衔接。详见图 2。

④在支架范围内,满设竖向斜杆,在底层及顶层设置水平对角横杆,中间层每隔 4.8m 设置一道水平钢管剪刀撑或水平对角横杆。顶托及底托外伸部分长度不得超出规范要求,否则必须采用钢管等材料进行拉接,以保证其稳定。

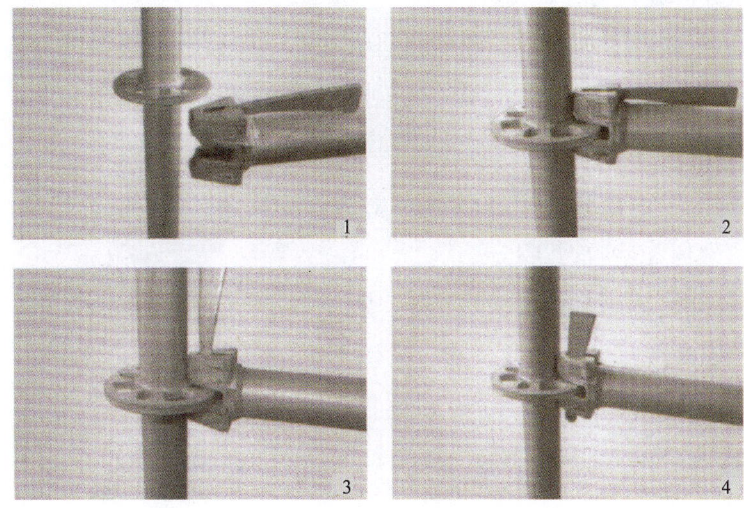

图2　支架搭设

(5)脚手架检查

①检查脚手架竖向斜杆的销板是否打紧,是否平行于立杆;水平杆的销板是否垂直于水平杆;检查各种杆间的安装部位、数量、形式是否符合设计要求。脚手架的所有销板都必须处于锁紧状态。

②脚手板要求在同一步内连续设置,脚手板应铺满,上下两层立杆的连接必须紧密,通过上下立杆连接处或透过检查孔观察,间隙要求小于1mm。

③不配套的脚手架和配件不得混合使用。

④悬挑位置要准确,各阶段的水平杆、竖向斜杆安装完整,销板安装紧固,各项安全防护到位。

⑤脚手架的垂直度与水平度允许偏差应符合规定要求。

⑥支架钢管进场前应检查支架产品标识及产品质量合格证及主要技术参数及产品使用说明书,进入现场的构配件应对管径、构件壁厚等抽样核查,还应进行外观检查,检查结果应符合相关规范。

⑦模板支架应分阶段进行检查:

a. 基础完工后及模板支架搭设前;

b. 超过8m的高支模架搭设至一半高度后;

c. 达到设计高度后应进行全面的检查和验收;

d. 遇6级以上大风、大雨、大雪后特殊情况的检查;

e. 停工超过1个月恢复使用前。

⑧模板支架检查内容：

a. 模板支架应按施工方案及本规程相应的基本构造要求设置斜杆；

b. 可调托座及可调底座伸出水平杆的悬臂长度必须符合设计限定要求；

c. 水平杆扣接头应销紧；

d. 立杆基础应符合要求，立杆与基础间有无松动或悬空现象。

（6）模板支架体系验收及工序交接

模板支架搭设完后，由项目经理组织技术、质量、安全相关部门负责人、监理单位及班组人员参加，严格按照施工验收规范、技术规范及施工方案进行验收，合格后方可进行下道工序的施工。

模板支架验收合格后，办理工序交接手续，做好工序交接资料。

（7）下道工序施工

模板安装完成后，方可开箱梁后续施工工作。

6 材料与设备

6.1 材料

（1）主要材料

立杆、水平杆、水平斜杆、竖向斜杆、可调托座、可调底座、工字钢、可拆梯子，具体规格和数量根据方案确定。

（2）材料要求

①承插型盘扣式钢管支架的构配件除有特殊要求外，其材质应符合现行国家标准《低合金高强度结构钢》（GB/T 1591）、《碳素结构钢》（GB/T 700）以及《一般工程铸造碳钢件》（GB/T 11352）的规定。各类支架主要构配件材质应符合表1规定：

构配件材质　　表1

立杆	水平杆	竖向斜杆	水平斜杆	扣接头	连接套管	可调底座、可调托座	可调螺母	连接盘、插销
Q345A	Q235B	Q195	Q235B	ZG230-450	ZG230-450 或 20 号无缝钢管	Q235B	ZG270-500	ZG230-450 或 Q235B

②钢管外径允许偏差为 +0.2mm、-0.1mm；钢管壁厚允许偏差为 ±0.1mm。

③连接盘、扣接头以及可调螺母的调节手柄采用碳素铸钢制造时，其材料机械性能不得低于现行国家标准《一般工程用铸造碳钢件》（GB/T 11352）中牌号为 ZG230-450 的屈服强度、抗拉强度、延伸率的要求。

6.2 主要机具

主要机具见表2。

主 要 机 具 表2

序 号	名 称	功 率	数 量	备 注
1	吊车		1台	用于架体搭设及拆除
2	小铁锤	1.5kg	每人1把	用于搭设及拆除支撑架
3	扳手		每人1把	用于剪力撑的扣件安装及顶托的调整

6.3 劳动组织

支模架所需操作人员主要有:架子工、电焊工、电工、机操工、普工。劳动力数量根据实际工程量进行安排。架子工、电焊工、电工等特殊工种必须持证上岗。整个支模架施工过程的劳动组织安排见表3。

劳 动 组 织 安 排 表3

序 号	工 种	人 数	工 作 内 容	备 注
1	放线工	1名(单位工程)	立杆平面放线控制行距排距	技术员负责
2	架子工	3名/每组	模板支架搭设	特殊工种
3	辅工	1名/每组	材料搬用、配料	

7 质量措施

(1)地基基础施工质量控制:严格按照地基处理专项施工方案要求进行施工和各过程的验收,确保承载力达到要求。

(2)斜杆及剪刀撑控制:在支架搭设过程中,严格按照方案中剪刀撑设置要求进行搭设,严禁违规搭设及不搭设剪刀撑。

(3)插销松紧程度控制:支架在搭设过程中,插销应同步敲紧,以插销上刻度线为准,并在支架完成后,预压前、混凝土浇筑前分别进行插销的检查,确保支架整体稳定性及承载力。

(4)支架材料控制:支架进场前,应组织相关部门对支架材质进行验收,对不符合要求的产品不得进场施工现场。同时支架生产厂家应出具相关产品的合格证明材料及力学性能试验材料证明。

(5)模板支架安装的允许偏差见表4。

模板支架安装的允许偏差及检验方法　　表4

序号	项目		允许偏差	检验方法
1	立杆垂直度≤L/500且±50mm		±5	吊线、钢尺检查
2	水平杆水平度		±5	水平尺、水准仪
3	可调托座	垂直度	±5	吊线、钢尺检查
		插入立杆深度≥150mm	-5	钢尺检查

8　安全措施

(1)施工前,现场必须设警戒区域,张挂醒目的警戒标志;警戒区域内严禁非操作人员通行。

(2)如遇强风、雨、雪等特殊气候,不应进行支架的搭设、拆除。夜间实施搭设、拆除作业,应具备良好的照明设备。

(3)搭设、拆除脚手架前,班组成员要明确分工,统一指挥,操作过程中精力要集中,不得东张西望和开玩笑,工具不用时要放入工具袋内。

(4)正确穿戴好个人防护用品,脚应穿软底鞋。搭设、拆除挑架等危险部位要挂安全带。

(5)所有高处作业人员,应严格按高处作业规定执行安全纪律及搭设、拆除工艺要求。

(6)搭设、拆除人员进入岗位以后,先进行检查,加固松动部位,清除剩留的材料、物件。所有清理物应安全输送至地面,严禁高处抛掷。

(7)搭设、拆除前,必须查看施工现场环境,包括架空线路、外脚手架、地面的设施等各类障碍物、地锚、缆风绳、连墙杆及被拆架体各吊点、附件、电气装置情况,凡能提前搭设、拆除的,尽量先拆除掉。

(8)搭设、拆架时应划分作业区,周围设绳绑围栏或竖立警戒标志,地面应设专人指挥,禁止非作业人员进入。

(9)搭设、拆除时要统一指挥,上下呼应,动作协调,当解开与另一人有关的结扣时,应先通知对方,以防坠落。

(10)吊装作业人员,起重司机、指挥、司索和其他起重工人,均要持特种作业证上岗。

9 环保措施

(1)夜间22:00－6:00之间停止现场模板加工和其他模板作业。

(2)现场支撑钢管的加工垃圾应及时清理,并存放进指定垃圾站,做到工完场清。

(3)钢管、顶托等不同材料堆放场地与施工现场达到整齐有序、干净无污染、低噪声、低扬尘、低能耗的整体效果。

(4)本工法在施工过程中不会产生环境污染。

10 效益分析

10.1 经济效益

(1)经过比较分析,采用盘扣支架投入同等数量的操作工人,支架搭设工期较碗扣支架可缩短49.1%左右。

(2)对于现浇箱梁的模板支撑架,每立方米支架采用承插型支架用钢量为16kg,采用碗扣支架用钢量为49kg,从而可知同体积支架盘扣支架的用钢量是碗扣支架的三分之一。

10.2 社会效益

(1)采用承插型盘扣式钢管支撑体系作为现浇箱梁模板的支撑系统,解决了高墩模板支架的施工难题,保证施工质量,降低工程造价,同时可以有效缩短工期。

(2)采用盘扣式钢管支架作为模板的支撑体系保证了模板施工的安全,有效减少了模板的整体坍塌,从而保证了人民群众的生命安全。

(3)承插型盘扣支架内外表面经过热镀锌处理,现场文明化程度显著。

11 应用实例

11.1 应用实例一

重庆三环高速公路江綦段清溪河大桥中心桩号为K35＋969,桥梁全长370m,路线经过江津、綦江两地,是为跨越清溪河而设。右幅第9～11跨位于北渡互通式立交渐变段,设计采用了3跨现浇箱梁。该桥箱梁为单箱三室箱形梁;箱梁顶宽11.75～15.60m,箱梁底宽7.75～11.6m,梁高1.8m。三跨现浇箱梁为一个施工阶段浇筑,总计混凝土体积为792m^3。工程施工难点:

(1)墩柱高度较高,8号墩～9号墩高度达30m。

(2)地形复杂。桥位区属构造剥蚀浅切割丘陵河谷地貌,方向位于宽缓冲沟内,11号桥台位于斜坡上部,纵向地形坡角较陡,一般22°~35°,横向地形平缓。

(3)地质较差。根据地质勘探揭示,地层分布为:10号墩、11号桥台地质为泥岩,8号、9号墩覆盖层为低液限黏土,基础为泥岩。

(4)支架设计:箱梁位于互通渐变段内,支架宽度不等。

本工程结构支架合计搭设2.4万m^3,采用了承插型盘扣支架进行搭设,共计用钢量390t;经计算如采用碗扣支架需用钢量为1176t,大大减少支架用量。由于现如今市场盘扣支架费用较贵,根据比较,盘扣支架的费用约为碗扣支架的费用的2.5倍。经最终对比,在经济上,相比碗扣式脚手架总体费用,使用承插型盘扣支架很大程度地降低了措施费及人工费、运输费、支架损耗费等,比使用碗扣支架费用减少约10万元;由于此种支架比传统钢管式脚手架搭设快,拆卸简便,合计缩短工期20天;由于承插型盘扣支架材质要求高,受力好,单根立杆受力是碗扣钢管立杆的4倍,在安全上得到了有效的保证;另外盘扣式支架外形美观,得到了重庆市交委及业主、监理的一致好评,如图3所示。

图3 清溪河大桥承插型盘扣式支架实景图

11.2 应用实例二

重庆三环江綦高速綦江互通主线桥0~4跨现浇箱梁全长共计100m,上部采用4×25m的现浇C50混凝土预应力连续箱梁,下部为柱式墩、桩基础。左幅桥面宽度10.5m,右幅为綦江互通A匝分叉线,桥面宽度渐变。梁体采用预应力单箱两室直腹板、单箱三室直腹板等截面连续箱梁。箱梁梁高采用1.6m,箱梁翼板宽度1.75m,最宽段底板20.65m,底板最小宽度8.45m;顶板、底板厚度为25cm;跨中腹板厚度为40cm,墩顶支点附近腹板厚度为60cm,在支点截面处设置端、中横梁,其中中横梁宽度为2.5m、端横梁宽度1.5m。

綦江互通0~4跨共计一联,根据设计图纸,施工时采用搭设支架节段现浇、节段落架的施工工艺。该联共计分为4个施工节段：第一施工节段长度为29.94m；中间施工节段为25m(共计2个中间施工节段)；末尾施工节段为19.94m。左右幅整联工程量有：钢筋641.7t、C50混凝土2780m^3、钢绞线62t。0～4号桥墩墩高见表5。

桥墩墩高　　表5

桥墩编号	0号	1号	2号	3号	4号
墩高(m)	37	34	32.50	27.8	25

根据现场地形及资源配置，本着安全、经济、合理的原则，采用盘扣式满堂脚手架作为支撑体系(图4)。目前为止，经初步计算节约工期30天，共计节约费用约15万元，在高墩现浇箱梁施工中得到了可靠保证。

图4　綦江互通大桥承插型盘扣式支架实景图

12　结语

应用承插型盘扣支架新技术、新工艺辅助和完善安全管理，效果显著，为江綦高速公里安全顺利实现通车目标提供了坚实保障。

浅谈江綦高速公路档案管理

陈一威

（重庆江綦高速公路有限公司，重庆 401147）

摘　要：档案管理在工程建设中非常重要，但其受到的重视程度往往不够。在重庆江綦高速公路建设中，采取多项措施，规范了档案管理流程，提高了档案管理水平：邀请档案管理专家对资料管理人员进行培训；制定档案管理制度和管理办法，奖先罚后，严格执行；加强监督以保证施工资料真实、完整并及时归档；采用合同条款进行约束，归档不及时则不支付。这些措施可推而广之。

关键词：高速公路；档案管理

1　概述

重庆三环高速公路江津至綦江段起自江合路先锋互通，途径江津区先锋、西湖、贾嗣、夏坝、广兴，綦江区北渡、永新共 7 个乡镇，止于渝黔高速綦江区南侧，是重庆市"三环十二射七连线"高速公路网中"三环"的重要路段。项目由重庆市发展和改革委员会审批工程可行性，由重庆市交通委员会审批初步设计，投资概算 47.1968 亿元，建设里程 48.4km，为双向四车道高速公路，设计速度 80km/h。项目采用 BOT + 施工总承包模式，由重庆江綦高速公路有限公司进行建设、运营。项目于 2013 年 4 月 12 日开工，2016 年 9 月 23 日通过了交工验收。

2　江綦高速公路档案管理的措施

在工程建设期间，江綦公司通过邀请市档案局、市交委质监局、高速集团等单位的档案管理专家对江綦高速公路监理单位、施工单位的内业资料管理人员进行培训，加强了监理、施工单位相关人员对竣工文件编制的学习和理解；成立了竣工文件编制领导小组，制定了竣工文件编制管理办法，建立健全了档案管理体制；坚持月评季奖机制，及时发现问题并督促整改等一系列措施，确保了江綦高速公路顺利通过工程竣工文件初步验收。结合江綦高速公路的档案管理工作，对如何做好高速公路建设过程中的档案管理有以下几点认识。

2.1 制定高速公路档案管理办法，加强档案宏观管理

为了做好建设项目施工过程中所形成的工程内业资料档案的整理工作，保证档案的形成达到“齐全、完整、准确”的要求，在工程建设伊始，就应根据国家《公路工程竣(交)工验收办法》以及交通运输部、国家档案局对项目档案的要求，并结合地方相应规则制度，编制详尽的《高速公路档案资料管理规定》《高速公路建设项目档案分类编号规则》，使宏观管理有章可循。在工程实施阶段，应组织专业人员编制具体的《高速公路竣工文件编制办法》，明确档案资料收集、整理的内容与质量要求，档案材料的组卷方法与要求，制定案卷的编制、装订、编目、保管等方面的详细规定。使档案资料在形成过程中，对档案资料的齐全完整及填写质量要求进行有效控制。

通过制定并落实管理办法、统一标准与要求，及时指导各施工、监理单位，使档案分类整理有章可循，工作规范有序进行。切实做到档案的宏观管理，保证项目档案的收集、整理、归档符合专项验收的要求。

2.2 制定档案管理规章制度，落实档案管理

建立、健全项目档案管理制度，应明确项目档案的分管领导及各部门职责分工，将项目文件资料的形成、积累和管理列入各部门各人员的岗位职责中；明确工程建设各阶段档案管理的要求。建设单位和监理单位，在工程项目开工前应结合实际情况，制定和发布一套规范标准的原始单元工程凭证文件。只有工程项目建设各阶段的档案资料管理有序，才能保证归档文件材料及图纸内容的齐全、准确、规范，才能保证施工技术材料记录完整，原材料质量保证资料真实可靠，竣工图与实物相符。

2.3 遵循施工真实原则，加强施工资料管理

高速公路建设项目档案是高速公路工程建设过程的真实记录，它包括各种施工组织设计、施工原始记录、隐蔽工程记录、工程质量检测记录、验收记录、报告、测量量测记录、试验检测记录等文件。只有真实完整的施工资料，才能为工程质量评定提供简洁有效的信息。真实完整的施工资料既可充分发挥文件效能，反映工程全貌，又能为以后的养护、维修、改造、扩建提供基本依据。

在建设过程中坚持项目内业、档案工作与项目建设同步进行，建立健全管理网络和管理制度。在招标投标的同时应明确提出档案管理的要求，在检查工程质量的同时应检查档案形成积累的情况，在工程的各阶段交工验收时应验收档案的收集和整理情况。重视每一阶段、每一环节资料的收集工作，重视基础性资料的积累与管理，确保应归档资料无遗漏。

2.4 制定制约措施，确保归档资料的完整

在签订合同的时候，应明确参建各方的档案管理责任，把项目文件材料的积累、整理、归档作为合同的重要内容确定，明确参建各方文件材料的形成范围、费用及归档套数，提出档案质量要求，明确档案权属，避免项目档案的原件、原始记录等归档不全，使工程施工承包单位能够高度重视工程档案的规定工作，项目档案的归档工作才能从法律上得到真正保证。同时还应充分发挥工程监理单位的监督职能，把工程资料形成及档案整理工作的监督、审核、验收工作纳入监理工程师的技术管理范围。

严格支付手段，加强档案管理控制。在工程计量支付的计量资料审查时，明确提出对施工资料的完整齐全、填写规范与否作为计量的先决条件，否则监理有权限期改正后再进行支付，在合同中明确声像档案等归档要求，归档单位不按时完成归档移交，不予进行最终支付。

加强过程检查评比，促进档案管理工作。在施工质量检测的同时，加强中间过程的档案资料检查，加强对工程每个阶段工程资料管理工作的同步监督和指导，尽早发现问题，及时解决问题。要坚决杜绝只施工不形成资料或形成资料不及时收集等现象，把档案资料的收集、整理、归档工作作为主要的考核内容，在每个工作阶段开展专项检查评比，奖先罚后，以此增强参建单位档案质量意识。通过奖罚措施，推进优质档案的形成。

2.5 加强人员业务培训，促进项目档案管理

目前，工程档案管理人员多以兼职为主，专业水平有限，极大限制了档案工作的深入，并难以保证工程文件资料的形成质量和档案整理质量。在工程建设的开工阶段，就应有机会、有措施、分期分批对高速公路工程管理人员、监理人员、施工单位人员进行档案业务知识、工程质量标准知识培训，详细介绍工程项目档案工作的法规和工程质量标准要求，学习档案基础知识和施工过程中原始签证资料操作方法及竣工资料整编、工程项目验收的基本要求。使工程项目管理人员、监理工程师、施工技术人员、竣工资料整理专业技术人员在增强档案意识的同时也熟练掌握档案业务和工程质量标准，明晰项目档案的管理分工职责，主动参与项目档案的管理控制，加强对项目档案管理监督、指导，了解和掌握项目档案管理各阶段的真实情况，取得档案管理第一手资料，使工程项目一开始就用规范化、标准化来严格要求，提高档案管理工作水平。

3 结语

高速公路工程档案的管理是一项综合性、业务性、技术性都较强的工作，建设单位、

设计单位、监理单位、施工单位都应在机构建设、人员配备和制度建设上加大力度,在履行各自职责的同时,应当树立档案意识,规范档案管理,从而提高建设项目档案管理水平。

参考文献

[1] 林静. 高速公路档案管理探究[J]. 办公室业务,2012(17):37-38.

[2] 田波. 浅析高速公路档案管理[J]. 科学之友,2011(7):110-111.

江綦高速公路土建施工中常见的问题及控制措施

陈仁奇

（重庆江綦高速公路有限公司，重庆　401147）

摘　要：近年来，我国的高速公路建设逐渐增多，不仅满足了我国居民在出行上的需求，也使得人们对工程质量产生了担忧。因此，在保障土建施工中质量控制水平的同时，还需要逐步提高施工人员的认识深度，强化在施工中的管理水平和监察力度，积极改善现阶段的不足，以相应的强化措施来保证土建施工的质量。鉴于此，本文主要分析重庆江綦高速土建施工中常见的问题及控制措施。

关键词：土建施工；问题；控制措施

1　工程概况

重庆江綦高速公路起点位于 G93 成渝环线高速公路江津至合江段先锋互通附近，距离江津立交约 2km。经过江津的先锋、金泉、青泊、贾嗣、五福、夏坝、广兴，綦江的北渡、永新等乡镇，路线终点位于綦江县城南侧与渝黔高速公路相连，距离綦万公路母家湾立交约 4km。路线全长 48.4km。沿线共设隧道（左洞 9439m，右洞 9351m）/4 座，（左幅 7605.1m、右幅 7154.1m）/29 座，涵洞通道 6622.75m/147 道（主线）。全线设置互通共 6 处，并对既有母家湾互通立交进行全互通功能完善改造，使该互通由原来的半互通变为高接高全互通。全线设先锋停车区 1 处和永新梨花山服务区 1 处。

全线按四车道高速公路标准建设，设计速度 80km/h，整体式路基宽度 24.5m，桥梁宽度为 24.0m，全线桥涵设计汽车荷载等级为公路 - Ⅰ 级，涵洞与路基同宽，其余技术指标按《公路工程技术标准》（JTG B01—2003）执行。计划建设工期（自开工之日起）3.5 年，缺陷责任期（自交工之日起）2 年。

2　土建施工中常见的问题

2.1　对人员掌控不足

虽然科技进步减少了人力资源的投入，但是土建工程施工包含了许多复杂的工序，基本上每一项和每一阶段的施工都需要施工人员的参与。然而由于我国公路行业的发展周期不够长,其从业人员的综合素质水平参差不齐,主要体现在专业知识、技术领悟能力以及施工精细度等诸多方面存在问题。因此,工程现场往往是人为误工的高发阶段,对土建工程的质量造成了较大的影响,从而拖延了工程的整体施工进度。

2.2 对原材料和设备的监管不足

原材料是整个工程的物质基础,更是工程使用质量的根本保障。原材料的监管主要是两个方面,一是材料数量的保障,二是质量和使用规格的保障。而原材料市场中材料的规格、品性以及价格等复杂多样,由此对施工单位在材料引进的过程中形成了管理上的难题。

现阶段,比较常见的方式就是抽样检查,虽然节约了不少人工费用,但是在对设备精确性的监管上却难以保障,材料监管的问题也同样如此。除此之外,还有部分材料由于存放不当容易引起变质,例如:水泥变质、钢筋锈蚀以及物质挥发等问题。这无疑为建筑工程施工企业带来了巨大的经济损失,也一定程度上为工程质量埋下了安全隐患。

2.3 现场施工人员缺乏足够的质量意识

就现阶段建筑施工情况来说,施工人员质量意识弱化普遍存在于施工现场,这很大程度上来说是因为现场施工人员没有形成良好的质量意识,在实际施工中不能严格依照施工标准和规范进行施工,也因此埋下不少质量隐患。这样的问题主要由两方面因素造成,一方面是施工单位在施工人员入职前没有进行良好的培训,忽略了国家对于土建工程的规范;另一方面是国家所要求的责任制度没有得到良好的划分,没有落实到工程的个人,问责制度形同虚设,无法发挥其应有的监管作用。而部分施工单位所采用的传统管理模式存在太多的漏洞,造成土建工程施工的质量缺陷,甚至还会造成现场事故多发。

3 影响土建施工质量的因素

土建施工中施工质量的影响因素主要有两个方面,详细归类分为施工技术因素与施工管理因素。

施工技术影响因素分析:施工技术指的是在经济发展不断变快的节奏下,现代化的公路施工技术不断发展,对工程标准有了更高的要求,尤其是一些高速公路土建工程建设的质量标准有了更为严格的新要求。土建施工的技术稍有欠缺就无法达到质量标准,导致各项质量问题的产生。因为土建工程是个较为系统性的整体工作,所以涉及的专业种类和类型较多,在施工过程中,相对于专业性操作的关键点非常多,相关细节和

内容非常精细,需要把握好技术细节,以免在施工质量方面埋下隐患。

施工管理影响因素分析:在土建施工管理中,目前比较普遍存在的就是分包问题,一个公路工程的各个部分,一般都会对不同施工队伍进行劳务分包,不同施工队伍一般具有不同的技术水平及配置人员的水平,也就是容易发生技术水平差距较大,相同施工部分会产生不同的质量问题。

4 强化土建施工的控制措施

4.1 建立合理有效的质量责任制

建筑土建工程施工中,建立合理有效的质量责任机制,在土建施工中,施工单位要开展合理的质量责任落实到个人的制度,将个人与施工质量联系在一起,形成施工负责机制,例如在江綦高速T梁预制中实行实名制,让个人承担施工中的责任,也让个人解决好自己所负责那一部分施工质量的具体工作。如果在施工中发现问题,则由第一责任人来承担相应责任,通过这种方法避免出现责任事故,还可以确定具体的责任明晰,将责任大小进行划分,对顺利完成并避免了风险和问题的责任人给予奖励;一旦风险发生,责任人除承担责任外,还要给予惩罚,确定具体的责任人,根据有关规定对其进行科学管理,才能有效地降低施工质量的问题。

4.2 加强对于施工安全的管理

土建工程项目的施工安全同样需要引起今后管理人员的高度重视,切实提升其安全管理的价值和效率,对于这种土建工程项目的安全管理工作来说,其最为核心的一个管理目标和管理任务就是相对应的安全隐患,如果能够把整个土建工程项目实施中存在的所有安全隐患找出来,并且给予高度的关注,采取恰当的手段和措施进行控制的话,也就能够有效避免一些安全事故的发生,这一点对于土建工程项目的实施来说意义重大,当然,从这种安全管理方面来看,最为基本的还是要求相应的管理人员应该充分提高对于安全管理的重视程度,在此基础上才能够最大程度上提升其管理的水平和价值。在江綦高速的建设中,对于安全管理,实行安全隐患每日排查报告制度,每日施工推行岗前民工训话制度。

4.3 加强对于施工现场的管理

从整个土建工程项目实施全过程的角度来看,其管理任务最为复杂、难度最大的一个方面无疑就是施工现场的管理和控制,这主要就是因为在施工现场中存在的管理对象和管理内容是最多的,也是最需要相应的施工管理人员进行充分把关的一个方面。

基于这种土建工程项目施工现场的管理特点来看，其相对应的管理优化策略应该主要围绕着施工现场的有序性和协调性来展开，如果能够较好地保障其整个的施工现场环境具备着较为理想的顺序性，避免了混乱问题的产生，也就能够较好地提升其相应的施工现场管理水平，这一点也是施工现场管理最难的一个方面。基于此，相应的施工现场管理人员首先就应该全面有效地分析好相应的管理要点和管理内容，然后才能够针对这些管理要点和管理内容进行全面有效的跟踪控制，确保各个方面的施工资源都能够为施工的顺利进行创造良好的条件，重点加强对于施工材料以及施工机械设备、施工技术手段使用的控制和把关。

施工质量管理工作的有效性决定了公路安全与稳定，在施工前与施工后的阶段中，土建施工监理具有很重要的作用，承担着重要责任。

浅析江綦高速公路附属房建工程

施　罗

（重庆江綦高速公路有限公司，重庆　401147）

摘　要：房建工程作为高速公路建设的重要组成部分，在运营管理中具有十分重要的作用。高速公路的服务配套房屋工程主要包括收费站房、服务区综合楼、配电房等附属工程，房建工程的建设影响到高速公路营运后的使用。本文以重庆江綦高速公路附属房建工程为例，对高速公路附属房建工程进行分析，并就如何有效地控制与管理高速公路附属房建工程提出建议。

关键词：高速公路；房建；设计；监理；协调与管理

1　项目概况及特点

重庆江綦高速公路全长约48.4km，沿线设置先锋、永新梨花山两个服务区，西湖、贾嗣、夏坝、永新、北渡、綦江南6个收费站，全线共有服务区综合楼4栋、收费站房4栋、管理中心综合办公楼1栋、配电房16栋、水泵房8栋、执法办公楼1栋、养护工房1栋、汽修间2栋，共计建筑面积19017.3m^2，实景见图1和图2。江綦高速公路附属房建工程建设周期较短，单位工程数目多、站点分散且线长，不利于统一管理。分项工程多，施工单位多，各房建单位工程因为由多个分项工程组成，整个项目管理的工序较为繁琐，同一时间段交叉作业较多，给施工造成了较大的不便。除此之外，项目建设施工过程中所涉及的专业较多，施工队的专业性要求较强，并且对收费、监控等建筑设计有着特殊的要求。此外，在公路主体工程进行一段时间之后，才开始进行附属房建工程建设，所以地形、地貌与设计差别较大，工程设计的变更也就更多。

图1　收费站与办公楼实景

图2　服务区实景

2　高速公路附属房建工程施工中存在的主要问题

2.1　设计方面存在的问题

(1)建设滞后:在高速公路建设的前期主要是对主线工程的建设,附属工程建设通常较为滞后,使得建筑设施选址时常会选在较为复杂的地质基础上,缺乏对地形条件的多方面考虑。这也就在一定程度上加大了后期的设计、施工难度,增加了工程的造价。特别是在施工临时建筑(如活动板房、拌和站等)的设置上,一定不能占用房建施工的位置,否则会严重影响房建工程的施工进度。

(2)装修设计不够合理:未充分考虑房建装修的整体设计,装修设计不够细致,缺项较多,造成了后期的设计变更。

(3)设计范围的狭窄:未充分考虑场地的排水、排污处理,往往在实际施工中,产生了单体建筑或附属建筑物的位置、朝向变更等,致使设计变更增加。

2.2　施工质量管理存在问题

施工队的整体管理水平较低,技术人员及施工人员的素质和安全意识较低,责任未充分落实现象较为严重。工序多、工种多、进出场频繁、操作人员的变化较大,未按照项目的施工工艺要求进行。针对市场中的多种新型材料、设备,盲目地选择新产品,甚至偷工减料,将造成施工质量的不合格,在施工中出现的事故及质量问题未及时上报和处理。

2.3　施工过程中的协调问题

(1)技术协调方面存在问题:施工中各专业的工种较多,各工种平行交叉施工作业,包含了水电暖工程、装修工程、设备安装工程等,设计图纸难免出现错、漏、缺等问题,若是处理不好将造成返工、窝工、停工、质量不合格等不利局面。

(2)管理协调方面存在问题:在现阶段的建筑工程行业管理体制中,通常采用施工承包管理模式中的分包单位,在工作范围界定上很难做到十分准确,施工中也难免会造成工序上的遗漏。除此之外，施工组织管理制度的不健全，施工、管理人员的素质差异，也给施工中的各专业协调工作带来一定的难度，造成问题的产生。

2.4 工程监理问题

高速公路工程的单位工程数目较多，建筑施工项目现场分散，所以监理工程师不能按要求分布各施工点，不能及时验收隐蔽工程。监理人员对房建工程相关规范、专业知识不够熟悉，实践经验较少，不能及时有效地发现问题的存在并将其解决。不及时办理相关签证，对工作不认真负责，以上情况在整个施工中较为常见。

3 加强高速公路配套房建工程建设管理的具体措施

3.1 合理确定设计方案

(1)设计人员在规划设计房建结构前，需要对建设施工现场进行实地勘探、测量，对地形、地貌、地质条件等进行分析，更好地对房屋建筑工程进行设计。

(2)房建建设过程中，多种外部因素的影响，造成了原设计的不合理、不适应、不协调等，需要按照工程项目的实际情况进行调整，以进一步完善设计方案。

(3)对房建的内部装修设计要细致周到，需充分考虑到营运工作和日常生活的实际需要，尽量减少设计缺陷。设计清单中应确定装修所用材料的品牌、型号等，从源头上杜绝偷工减料。

3.2 严格控制施工阶段的质量

对技术人员及施工人员需要强化质量、安全、责任意识，确保工程不会出现质量问题。对基础工程混凝土工程及隐蔽工程等进行详细的检查验收，科学施工，对发现的问题需要及时进行上报。除此之外，还需对施工中的建设材料质量进行严格的把控，杜绝使用不合格的材料，并且避免出现设备人员的不及时进场、窝工、停工等现象。对于施工单位采用新工艺、新技术、新方法使工程进度加快的单位给予奖励，提高施工单位的工作积极性。

3.3 技术、管理和组织方面的协调管理

(1)提高设计图纸的质量，减少因技术错误带来的协调问题；要求各专业的设计部分要严密和完整，发现问题要认真落实；管线协调必须做好总图应稳定，单体建筑再与总图协调；各设计单位派专人驻场，切实提高现场服务，随时解决施工单位提出的设计图纸问题；严格进行图纸会审和技术交底工作。

(2)总承包单位对专业分包单位进行管理与协助；施工单位、监理与设计单位在施

工过程中要配合;建立各种规章制度,责任到人,做好协调管工作。

3.4 加强高速公路附属房建工程的监理力度

监理单位根据承担的监理任务和监理合同的要求,向工程施工现场派驻相应的监理机构、人员和设备;工程验收监理人员要求有广泛的理论知识和丰富的实际经验;业主单位选择水平高的监理单位,不断加强监督和管理检查力度;监理人员必须对入场的材料和设备进行验收,检验不合格的材料和设备不得进场使用;认真审查工组织设计和技术措施,进行工程质量检测,参加工程质量事故处理和验收。

4 结语

高速公路附属房建工程是一个复杂的工程,同时也具有较高的使用价值,所以建设者要对高速公路房建工程施工进行科学管理,有效提升房建工程的质量与使用价值。

参考文献

[1] 李飞林. 如何控制高速公路房建工程的质量和进度[J]. 广西交通科技,2000,25(2):27-28.

[2] 严莹,贾润中,孙宇. 浅议高速公路沿线设施房建工程的建设管理[J]. 科技资讯,2008(10):182.

[3] 林进鹏. 浅议项目工程施工中的协调管理[J]. 广东土木与建筑,2009(10):54-56.

[4] 王雷. 浅析高速公路配套房建工程的建设管理工作[J]. 建筑工程技术与设计,2005(29).

浅析江綦高速公路征地拆迁费用超概原因及控制措施

朱啟昌

（重庆江綦高速公路有限公司，重庆　401147）

摘　要：在高速公路建设过程中，征地拆迁是一个系统而又复杂的工作，是高速公路建设的基础，直接影响公路的建设。征地拆迁涉及范围广，且具有很强的不可预见性，因此大部分的建设项目征地拆迁费用都突破预算，有些项目的超支额度非常大。故此，分析征地拆迁费用超概的原因及如何控制管理好征地拆迁费用显得尤为重要。本文以重庆江綦高速公路建设期间征地拆迁费用超概情况为例，对征地拆迁费用超概的原因进行了分析，并就如何控制与管理高速公路征地拆迁费提出建议。

关键词：高速公路；征地拆迁；补偿费；超概；控制与管理

1　项目概况

重庆江綦高速公路全长约48.4km，项目起于江合路先锋互通，全线沿途经过江津区先锋、西湖、贾嗣、夏坝、广兴，綦江区北渡、永新7个乡镇，止于渝黔高速綦江区南侧，全线共有桥梁29座、隧道4座、通道及涵洞147道、互通立交6处、天桥22座，并进过綦江城区，建设用地征迁协调工作非常复杂。全线共征用土地4792亩（1亩≈667m^2），其中集体土地4432余亩，国有土地360余亩，项目批复投资概算47.19亿元，其中征地拆迁批复概算4.54亿元，虽然江綦高速公路项目总体预算没有超概，但征地拆迁单项费用超概50%以上，就单项超概情况来看，超概比例较大，超概情况严重。

2　征地拆迁费用超概原因分析

江綦高速公路采用BOT+施工总承包的管理模式，项目公司及江津、綦江两区成立高速公路建设指挥部，协调与工程建设相关的各种事项，总承包部及参建单位也设置专门协调机构，专门负责高速公路项目征地拆迁工作。征地拆迁费用由项目公司根据征地拆迁数量和有关补偿标准拨付给两区指挥部和总承包单位使用。根据项目征地拆迁费用的使用情况，对征地拆迁费用超概原因进行分析，造成超概的原因有以下几个方面：

（1）征地拆迁数量与概算对比突破较大。造成这一问题的原因有以下几方面，一是前期工作比较仓促，勘察设计深度不够造成用地面积出现较大的变化；二是工程实际开工时间与勘察设计的时间间隔太长，需拆迁的建筑物、电力线的数量发生较大变化，有可能补偿标准和政策也做了调整，从而导致征迁费用的提高；三是勘察设计单位现场勘察时保密措施不到位或者相关人员泄露信息，群众在红线范围内抢种高价值植物，居民抢建构造物等，从而在拆迁过程中获取拆迁费用。概算主要依据勘察设计资料来编制，高速公路是先征地再建设，因以上种种原因，所以就不可避免地造成征地拆迁方面设计与实际有不少的出入。

江綦高速公路采用单价和面积包干给两区指挥部的模式进行征地，项目公司根据重庆市政府制定的征地补偿标准将补偿费用打包给两区指挥部使用，不足部分由区财政自行补贴。江綦高速公路概算面积为4420.37亩，因施工图调整、设计优化、完善设计不足等原因，江綦高速公路共计征用土地4792亩，比概算面积增加371.63亩。仅就数据来看，虽然不排除其他原因导致征地拆迁成本增加，主要还是因为设计深度不够，设计方案优化空间较大导致征地拆迁成本增加。

（2）永久性征地地类划分不详细、未划分或者变化较大造成超概。永久性征地主要指高速公路正线、立交、匝道、服务区和边坡的用地。在实际工作中，因勘察设计与项目开工时间存在时间差造成地类变化，或因勘察设计时未到地方政府相关部门对地类进行了解区分，地类区分不清，因不同地类的补偿标准变化较大，造成补偿费用发生较大的变化。以江綦项目为例，项目公司与綦江区政府签订的用地协议中明确集体土地的征收单价为9万元每亩，而国有土地根据评估公司的评估，评估单位约为32万元每亩，设计单位在编制江綦高速公路预算时未对征用土地的地类进行区分，导致靠近綦江城区和綦江工业园区的土地征收费用增加8000多万元。

（3）临时用地数量、类型、租用时间和复垦严重突破概算。临时性用地主要指弃土场、拌和站、施工便道和临时工棚所使用的土地。在实际工作中，临时用地的数量和使用时间较难控制，施工单位在施工中往往忽略了临时用地的复垦问题，在前期施工时未对清表的表层土进行集中堆放，造成复垦时只能买种植土或复垦面积不够，从而增加复垦难度和复垦费用，还有就是在编制概算时对地方的补偿标准了解不够，概算单价与实际使用单价存在较大差异。以江綦高速公路为例，临时用地概算平均单价1.45万元每亩，实际使用临时用地平均单价为3.9万元每亩，造成临时用地超概算严重，这还不包括临时用地的复垦费用；施工单位在使用临时用地时普遍存在使用超期现象，由于施工单位没有重视临时用地的复垦问题，在清表时未收集表土，造成工程结束后大面积的临时用地无法复垦，只能按照永久占地的标准对无法复垦的土地进行补偿，从而造成临时用地费用进一步提高。

（4）管网线迁改恢复难度大、补偿费用高。通信、电力、管道的拆迁，垄断企业强势，通信企业、国防光缆的部队、电网公司纷纷以安全、施工措施复杂为理由，编制较高的管网线迁改预算，高速公路主线经过需要拆迁的厂矿企业在当地有一定的社会关系，厂矿企业与项目公司对拆迁评估价值意见难以达成一致，漫天要价。由于管网线、厂矿企业的迁改数量、规模和费用存在较大的不可预见性和不确定性，因此在编制预算时就存在预算不足或没有预算的状况。江綦高速公路在预算编制时仅仅考虑了项目用地的费用，对管网线和厂矿的迁改为编制预算，这也是征地拆迁费用超概的一大原因。

（5）人行道路、水渠等灌溉设施的恢复费用。高速公路点多、线长、面广的特点，在项目实施过程中不可避免地要破坏原有人行道路、水渠等灌溉设施，给当地老百姓的出行和生产生活造成不便，为减少社会矛盾，保证民生，要对破坏的这些项目进行恢复。因项目的不确定性，在勘察设计阶段不可能对这些项目进行明确设计，只能根据现场的实际情况完善设计，所以在编制预算时不可能对这部分项目进行编制。

（6）征迁人员素质参差不齐。高速公路征地拆迁不是常态工作，部分征地拆迁协调人员工作经验不足，议价能力差，谈判水平不高，工作不严谨导致多计重计，虚增征迁成本。也不排除个别人员隐藏一定的道德风险。

3　征地拆迁投资控制超支的应对措施

（1）加强勘察设计的深度，概算编制补偿标准紧密结合地方政府补偿政策。首先，项目业主在合同条款中要求勘察设计单位加强设计深度，现场详细勘察程度，使设计提供的用地数量、类型和拆迁物的数量、类型接近实际征地数量、类型和拆迁物的数量、类型，同时业主要对设计单位进行履约检查，出台奖惩措施，对不履约的设计单位处罚。业主要抓紧做好预可、工可等基建程序的申报工作，落实工程建设资金，办好工程建设用地的报批工作，争取工程建设项目能早日顺利开工，缩短工程勘察设计和工程开工建设的时间差，从而使实际的征地拆迁物数量和类型接近原设计，补偿标准的政策也和原设计时的政策大体相同。其次，概算编制要与地方政府补偿政策紧密结合，尽量做到同地同价，保障群众利益，降低征地拆迁工作的难度。

（2）引进第三方勘测定界单位，降低征迁成本。针对沿线抢建抢种现象，项目业主有必要引进专业的勘测定界单位，在确定线路后，对沿线所有建筑物、厂矿企业进行现场勘测定界，确定构筑物的类型、位置和面积，打印征地红线图，有效避免抢建现象，同时也为审计监察单位提供相关资料，降低征迁成本，减少业主的管理风险。

(3)在源头上加强对永久用地的管理。项目业主应要求勘察设计单位到地方土地管理部门核对征用土地的地类，细化和区分不同种类的土地性质，以求编制的预算尽量贴近实际。

(4)严格控制临时用地数量、地类、用地时间，提前做好临时用地的复垦准备工作。①在合同上约定好施工单位使用临时用地地类、数量和时间，要求承包人在递交投标文件的同时，本着少占耕地的原则，编制临时用地计划，将用地费用在工程报价清单中单项列出，在中标后，应在临时用地计划范围内根据实际用地需求和先后顺序，提出具体的用地计划，报监理工程师同意，并报业主审批后方能征用。②在工程建设过程中严格按合同执行，超出合同的用地费用由承包商负责。③控制好临时用地时间。业主在招标时已给出了明确的用地时间，在该时间内用地用费用已列入了投标报价，凡超时间使用的，业主应督促其将用地费用支付给农民。④提前做好临时用地的复垦准备工作。在施工单位清表时，项目业主要求施工单位做好表土的收集，并集中堆放在弃土场中，为临时用地的复垦做好准备，避免复垦时买种植土的现象发生，对于不能复垦的临时用地，可以与地方政府协商后解决。

(5)聘请公信力高的中介机构，对厂矿企业、房屋、管网线的迁改预算进行科学公正的评审，项目业主、地方指挥部和拆迁权利人以评审报告为依据，最后协商迁改费用，确保符合双方的利益。对于一些临时违章建筑和证照不全或没有的厂矿企业，政府有关部门应加大执法力度，使得以合理的补偿金额进行拆迁。

(6)对于影响沿线百姓日常起居和作业的人行道路、水渠等灌溉设施的恢复，项目业主和地方政府应本着实事求是、确保民生的原则，进行恢复，对于不合理的要求，地方政府应做好宣传和劝解工作，确保既能合理使用项目资金又能有效解决社会矛盾，营造良好的社会氛围。

(7)加强培训，提高征迁人员业务水平。目前地方指挥部从当地政府各个部门抽调过来的人员业务水平高低不一致，施工单位征迁协调人综合素质不高。作为征迁协调人员，既要熟悉当地风俗习惯，也要懂得谈判技巧，拥有良好的沟通能力、公文处理能力，同时也要懂工程施工。因此，要加强征迁协调人员综合素质的培训。

(8)项目业主聘请审计单位加强过程审计。项目业主可以聘请审计单位，对地方指挥部和施工单位进行过程审计，每年定时对征迁补偿费用的流向、补偿物的性质等进行审计，这样可以规范征地拆迁资金的使用，确保征迁资金的合理使用，做到“廉政拆迁”。

4 结语

征地拆迁作为高速公路建设的一个重要环节,贯穿项目建设的整个过程,其投资控制在当前高速公路建设中的地位越来越重要,并且还关系到社会的和谐稳定,项目业主和地方应高度重视,在项目建设过程中应定制对征迁成本进行分析,找出可能会超概算的原因,并采取有效的应对措施,做到降低征迁成本,保证群众利益,实现高速公路"和谐征迁""节约征迁"和"廉洁征迁"。

参考文献

[1] 秦安鸿,沈秋雁. 公路建设征地拆迁评估问题初探[J]. 交通建设与管理,2010(1):76-77.

[2] 王立国,南飞、李宇. 公路建设征地拆迁现状分析及对策[J]. 黑龙江交通科技,2009(12):117.

[3] 余丕团. 浅谈高速公路征地拆迁补偿费的控制与管理[J]. 交通财会,2002(4):48-49.

[4] 王东. 高速公路征地拆迁投资控制的探讨[J]. 企业导报,2012(11):49-50.

基于视频的车型识别系统

万　万

(重庆江綦高速公路有限公司,重庆　401147)

摘　要:本文介绍了基于视频和图像处理的自动车型识别方法,详细阐述了数字图像处理及模式识别技术的原理和方法。首先采用重建背景的方法提取运动目标车辆及分割图像,最终采用目标区域模板匹配的方法识别车型。此方法内存占用量小,实时性好。通过本文的研究,初步探索了数字图像处理与模式识别在车型识别系统中的应用途径和方法,为以后进一步地实现基于视频的交通检测系统打下了基础。

关键词:背景;分割;模板匹配;车型识别

1　前言

重庆三环高速公路江津至綦江段工程起点位于 G93 成渝环线高速公路江津至合江段先锋互通附近,经江津区先锋镇、金泉镇、青泊镇、贾嗣镇、广兴镇、夏坝镇,綦江区升平镇、北渡镇,止于綦江城南侧,与 G75 兰海高速公路相连。路线全长 48.4km,设计速度 80km/h。

全线采用双向四车道高速公路标准建设,路基长度 48.4km(起止桩号:K0 +000 ~ K48 +400),路基宽度 24.50m,桥宽 24.0m,分离式路基宽度 12.25m,桥宽 12.0m。沥青混凝土路面。全线桥涵设计汽车荷载等级采用公路-Ⅰ级。

目前江綦高速在所辖路段建设完成 ETC 系统,自动发卡机普及率居重庆首位,提高了车辆通行效率,减少了机动车怠速时间,同时减少二氧化碳排放与节约燃油消耗。ETC 和自动发卡车道能有效降低企业生产经营成本,减少人工,并提高车辆通行效率。研究数据表明,每 10000 次 ETC 交易,将节约 3140L 燃油消耗,并减少 55.96kg 各类污染物的排放。

为了充分利用上述技术的优势,发挥规模效益,江綦高速提出了高速公路入口无人收费模式建设的思路。通过 ETC 及收费站自动发卡设备的建设实施与应用,达到了既降本增效,又提高通行效率和服务水平的效果。

(1)节约人员,经济性显著,多开通车道,服务高效,摆脱人员的限制,将在入口车道多出来的人员补充出口车道,可以开放更多的出口车道,缩短车辆等待时间,提高服务

质量和水平。

(2)提高通行效率、降低运营成本,该系统利用磁感应、车牌自动识别等技术,实现对大型及小型普通车辆自动发卡,并可对持公务卡、记账卡车辆提供自助式业务处理,无需收费员人工干预。

2 车型识别技术的发展现状

2.1 电子标签识别法

现阶段国外不停车收费(ETC)系统多是基于无线通信技术。电子标签是用来记录车辆本身的信息,包括车辆账号、车辆类型、车主、车牌号等。当车辆通过安装在收费通道内的收费设备时,通过电子标签和阅读器之间的微波通信,实现信息的交换,并进行CRC 校验,最后通过收费系统与车主的银行实行定期清算。因为车辆存在调换车载电子标签进行作弊的可能,收费站等场所需要额外安装监控设备,增加了基建投入。因此该方法在国内应用较少。

2.2 电磁感应线圈识别法

预先在公路下面铺设一个通有高频电流的线圈,由于车辆的材质大部分是金属,当车辆从感应线圈上面通过时,会在线圈内部产生涡流而使线圈电感量减小。不同车型的底盘结构和铁磁物质分布的有所不同,由于电流变化引起的磁场的变化也不同,因此可以根据感应曲线的不同而区分不同类型的车辆,进而得到具体的车型。该方法的优点是准确率较高、不受气候影响且成本不太高。同时还能检测各车型的车流量及占有率等交通参数,电磁感应线圈法需要把线圈埋入地下,受车辆的挤压容易损坏,寿命较短,维护时需要破坏路面,维护成本较高。

2.3 红外探测法

红外探测法是利用布置在车道两侧红外阵列检测器,当车辆经过装置时,根据汽车不同部位对发射装置的不同阻挡作用,采集车辆的侧面几何数据,然后通过这些数据与车型数据库中的数据比较后判断出车型,从而实现车型的自动分类。在该系统中水平和垂直排列的红外发射接收点非常多,有几十甚至几百对,这就保证了系统可以采集到足够多的数据,这些数据包括车头高度、车长、轴数、轮距等特征数据,这些信息可以比较完整、细致地描绘出车辆的外轮廓及局部典型特征,使系统达到一个较高的识别率。该方法优点是识别率较高,缺点是硬件结构复杂,维护成本高,在实际中难以推广。此外还有一种基于超声波的车型检测方法,其原理和红外检测法是类似的。

2.4 车牌识别法

车牌识别法是一种通过识别车牌间接识别车型的方法。首先从摄像机获取的汽车牌照图像中识别出车牌号和车牌颜色,然后到车辆数据库中去检索与此车牌号相对应的车型,最终得到车辆的类型。该方法对硬件要求不高,安装起来也灵活方便,但需要事先对每一辆车建立包含各种信息的车辆数据库,而且图像必须保证车牌清晰,在实际应用中还受到遮挡、光照等的限制。这种方法要建立在可靠的车牌识别算法的基础之上,也可以把它归到下面将要叙述的基于图像的车型识别方法中。

2.5 基于视频图像的车型识别

国内外利用视频图像进行车型识别的研究很多,因为数字图像能够提供很多有用的信息,利用一定的算法得到许多车辆的信息,然后依据这些车辆特征进而得到具体的车型。相比于其他的车型识别方法,利用图像来识别有其自身的特点:首先数字图像含有的信息比较丰富,只要是保证特征提取算法的有效性,即可得到较高的车型识别率。另外硬件安装非常简单,只需一个摄像机或者数码相机安装在路边,利用视频信号线和主机相连。并且利用该方法无需破坏路面,维护起来非常方便。

本文对以视频图像为基础的车型分类算法进行了系统的研究,根据目前的车型识别研究特征提取、识别算法、车辆分类等基本方法,提出了自己的改进方案。系统框图如图 1 所示。

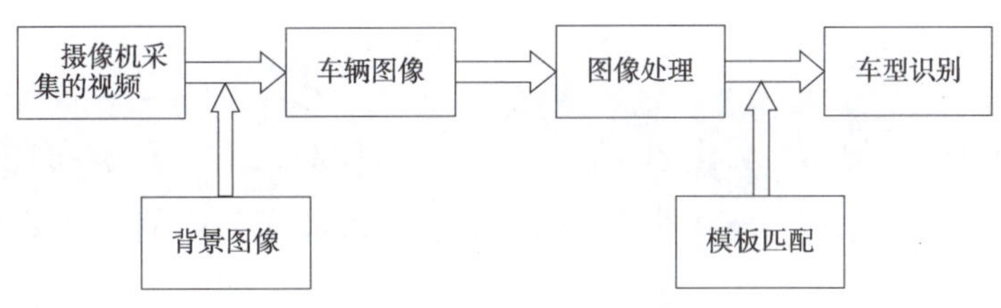

图 1 系统流程图

3 车辆运动区域的分割

车辆运动区域的分割一般有两种方式,一种是利用梯度信息,采用分水岭的算法进行帧内分割,然后进行运动区域估计,合并具有相同运动矢量的区域,这类方法的运算量较大。另一种是利用帧差法,帧差法运算量小,但是存在几个缺点,它其实就是检测目标运动过程中灰度变化区域,对于较大目标,中间灰度变化不大的重叠区域不能检测,对多目标的识别跟踪造成困难,其次检测到区域比车辆本身覆盖的范围大,要寻求真正边界,需要耗时的运动估计。在收费车道的监控区域,车道摄像机都是固定的,摄像的背景是缓慢变化的,能够从图像序列中逐渐分析出自然背景。

车道运动车辆的跟踪,是利用前后两帧分割出的目标的相似度进行匹配,通过匹配可以准确地对流量进行计数。相似度的测量主要有互相关和 Hausdorff 距离,Hausdorff 距离可以在目标形状发生改变和目标区域分割合并后有效跟踪变化后的图像,所以本文采用了基于欧式距离的 Hausdorff 距离匹配图像,利用长宽信息和模型匹配,将车辆分成客车、货车各 4 型。

4 目标车辆的识别

一般可以认为把图像进行区别分类就是图像的模式识别。模式识别研究的目的是研制能够自动处理某些信息的机器系统,以便代替人完成分类和辨识的任务。一个图像的模式识别系统可分为 3 个部分,如图 2 所示:图像信息的获取、信息的加工处理和图像的判决。

图 2 图像的模式识别框图

利用模板匹配可以在一幅图像中找到已知的物体。比如获得车辆通过的图像,要判断所通过车辆的车型。这时就可以采用模板匹配的方法。模板匹配,其原理很简单:拿已知的模板(在本例中为汽车的图像),和原图像中同样大小的一块区域去对。基本匹配的识别方法大致可以分为如下几种:

(1)区域匹配

区域匹配的思想是把参考图像的某一块整体与实时图像在所有可能位置上进行叠加,然后计算某种图像相似性度量的相应值,最大相似性相对应的位置就是目标的位置。

(2)特征匹配

特征匹配是在提取特征后,对特征属性矢量(点、边缘、线段等)作相关度计算,相关系数的峰值即为匹配的位置。Moravec 在 1997 年就提出了利用图像灰度自相关函数的特征点检测算子;Harris 等人提出了 Moravec 算子的改进算子,该算子对于图像存在旋转、照明变化和透视变形时均可以稳定地完成匹配。

(3)模型匹配

由于目标在运动中会有旋转、大小的变化,固定的模板已经不能满足准确匹配的要求,因此出现了变形模型。Jain 将变形模型分为自由式变形模型和参数式变形模型。1987 年 Kass 等人提出 Snake 主动轮廓模型是一种典型的自由式变形模型,由控制平滑度的轮廓内部能量、吸引轮廓到特定的图像能量和外部约束能量的组合来控制和约束,它充分利用形状的全局信息,对发生形变的目标轮廓进行匹配。为给定一个适合的初始化轮廓,Menet 等人提出了 B-Snake,轮廓的表达更加有效,更加结构化。

5 结语

基于视频的车型识别系统是一套计算机系统,它运用了图像识别技术和图像压缩技术。在重庆三环高速公路江津至綦江段实际应用中,该系统可以很好地对目标车辆进行跟踪,识别率能够达到 90% 以上,将来的工作主要是对模型的细分以及对车辆进行更加详细的分类,以提升识别率。科学技术的变化日新月异,高速公路不断引入新的技术,在实现资源优势共享的前提下,视频检测技术应用在高速公路的检测必将成为趋势。

大桥基坑管涌堵水施工工法研究

陈　伟　赵建星

（中国葛洲坝集团第五工程有限公司，宜昌　443002）

摘　要：现今高速公路建设中有些桥墩不可避免地建造在江边或者江中，此种情况下基坑防水处理将存在很大的安全隐患。本文重点介绍了桥墩基坑防水施工工法。传统的注浆浆液堵水的效果较差，而采用水溶性聚氨酯化学浆液进行注浆就可以很好地解决这个问题，它是一种亲水性、黏度低的柔性材料，遇水会发生乳化固结反应，从而封堵孔隙，达到止水的效果。

关键词：桥墩施工；基坑防水处理；施工工法

1　前言

在现今的高速公路建设中，跨江的桥梁已经越来越普遍，桥梁的结构也变得多种多样，但大部分的大跨径桥梁都需要插入地下的桥墩来承受荷载，有些桥墩不可避免地就会建造在江边或者江中。在这种情况下，桥墩施工基坑的防水就会出现很大的隐患，如果处理不好就会导致基坑内出现涌水，从而阻碍施工，延长工期，增加施工成本。而一旦出现涌水，涌水量就会随着水流急剧加大。传统的注浆浆液堵水的效果较差，而采用水溶性聚氨酯化学浆液进行注浆就可以很好地解决这个问题，它是一种亲水性、黏度低的柔性材料，遇水会发生乳化固结反应，从而封堵孔隙，达到止水的效果。

本工法以重庆江綦项目广兴互通连接线綦江大桥 2 号墩为例介绍基坑管涌堵水处理方案。广兴互通连接线綦江桥是江綦高速公路广兴互通连接线跨綦江大桥，它位于广兴互通连接线上，跨越綦江航道。主桥采用(73 + 130 + 73)m 连续梁，广兴互通岸引桥为 2 × 30m 简支 T 梁。桥梁全长 350.575m，桥梁全宽 12m。主桥下部采用空心薄壁墩，桩基础。引桥下部结构采用钢筋混凝土圆柱墩、桩基础。全桥有 2 个承台，均为主墩承台，位于 1 号、2 号墩。其中 2 号墩位于河岸边，水位线以内，采用围堰施工。在开挖承台基坑施工过程中，发现筑岛部分有大量的涌水现象。

2　工法特点

(1)聚氨酯是一种单液注浆材料，施工简便快捷，可以采用手动泵或者电动泵进行注浆。

(2)与水具有良好的混溶性,浆液遇水即自行分散、乳化,并发生聚合反应,形成不透水的固结层,可用于封堵强烈的涌水。

(3)浆液与水发生反应时会释放 CO_2 气体,对浆液进行二次挤压,使其可进一步压进疏松的空隙中,让一些多孔或地层裂缝可以被浆液充分填充。

(4)浆液无毒、无味,固结之后不会被水和绝大多数化合物溶解或者稀释,不污染环境,可用于饮水环境。

(5)固结体不会收缩,耐得住热变化、干湿循环、冻融循环和没有降解的裂缝移动。

(6)浆液的黏度低,不易燃,安定性好。不会因灌注设备管内的黏度不断提高而造成堵塞,且容易施工、操作性好。

3 适用范围

(1)可用于建筑物及地铁、隧道等地下工程的变形缝、施工缝和结构缝的堵漏。

(2)可用于桥墩、大坝、水电站裂缝堵漏,混凝土结构物外墙加固,各种水塔、水池、地下室、洞库防渗堵漏,隧道掘进和矿井建设中的堵漏,铁路隧道、涵洞堵漏等。

(3)可用于破裂带和软地基加固。

4 工艺原理

水溶性聚氨酯是由过量的多元异氰酸酯和多羟基化合物预先制成含有游离异氰酸基团的低聚的氨基甲酸预聚体。常用的多异氰酸酯有 TDI、MDI、PAPI 等 3 种。多羟基化合物采用聚醚,它的官能团和分子量可以有好几种。浆液灌入混凝土裂缝后,与渗漏水相遇发生化学反应,放出二氧化碳气体,并形成脲的衍生物,从而达到防渗堵漏的目的。水溶性聚氨酯注浆材料是一种低黏度、单组分合成高分子聚氨酯材料,形态为液态。它遇水产生交联反应,发泡生成多元网状封闭弹性体的特征。当它被高压注入混凝土裂缝结构并充满所有孔隙(包括肉眼难以察觉的),遇水发生交联反应并释放大量二氧化碳气体,产生二次渗压,高压力和二次渗压将浆液压入并充满孔隙,达到堵漏的目的,对孔隙形成高强度的锚栓。当遇到管涌时,采用带阀门的钢管引流,速凝材料进行封堵,再进行聚氨酯注浆堵漏。

5 施工工艺流程及操作要点

5.1 施工工艺流程

总体的施工流程如图 1 所示。

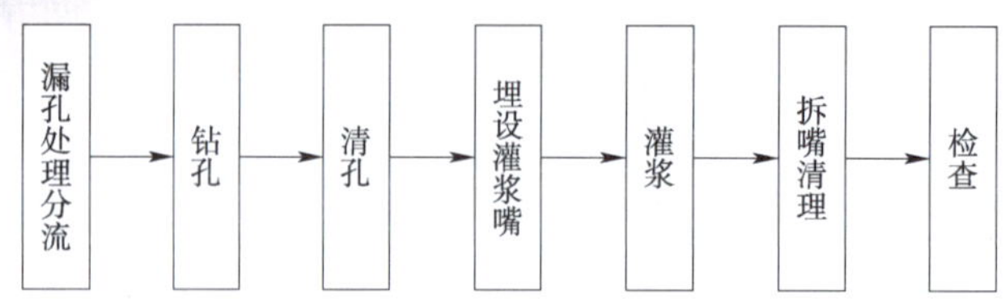

图1　施工流程

(1)确定防水堵漏方案

堵漏前必须要进行现场调查,摸清现场的施工情况,分析渗漏水的原因,查清漏水部位、裂缝、裂纹或穿孔的宽度、长度、深度和贯穿情况,并了解雨天和晴天的漏水情况,测量漏水的流量和流速等,通过充分的调查,正确地拟定堵漏方案,做好各项准备工作。

(2)注浆孔的设计与布孔

先进行漏水部位的清理,当水压较大、涌水量较多时,需要进行集中的引水分流处理,以便使埋设注浆管和封缝工作能够顺利进行。引水分流先采用与漏水孔洞小一号的带阀门的钢管插入漏水部位,在周围插入小号的引流管,把孔洞里面的水流引出,以减少周围的缝隙流水,以便进行临时的堵水施工,之后再进行注浆堵漏。

注浆孔的位置,应使孔的底部与漏水部位相交,并选在漏水量最大的地方。布孔有骑缝和斜孔两种形式,可根据实际情况和需求进行选择,必要时可以两者混用。注浆孔眼的数量和位置,可根据实际的漏水情况进行合理的安设。

(3)钻孔

打孔形式可根据现场实际情况选择手工和机械两种方法,一般采用手工和机械并用的方法进行打孔,钻头直径和注浆管(止水针)直径一致,钻孔角度宜≤45°,钻孔深度小于等于结构厚度的2/3,钻孔必须穿过裂缝,但不得将结构打穿(壁后注浆除外),钻孔与裂缝的间距小于等于1/2结构厚度,钻孔间距为20～30cm。在钻孔完成后使用清洗机冲水进行注浆孔的清洗。

(4)埋设注浆管

在本注浆施工中,注浆管又叫止水针头。用工具埋设并紧固,保证针头的橡胶部分及孔壁在未使用前干燥,否则在紧固时容易引起打滑。检查灌浆设备和管路运转情况,检查固结浆嘴的强度,疏通孔隙,进一步设定好灌浆参数(如凝结时间、灌浆压力等)。观察主漏水孔的压力,水流不急、压力不大时可用快干堵漏剂埋注灌浆止水针头。当结构达到一定的强度没有渗漏,其他泄水孔分别安装膨胀止水针头,用专用内六角扳手拧紧,使灌浆嘴周围与钻孔之间无空隙、不漏水(墙面慢渗也依次安装膨胀止水针头)。漏水点分别按错位安装不同长度的止水针头,使灌浆可以从深层至表层完全密实填充。

(5)洗缝

用高压清洗机以6MPa的压力向灌浆嘴内注入干净清水,观察出水点的情况,并将缝内粉尘清洗干净。

(6)封缝及压水压气检查

将洗缝时出现渗水的裂缝表面用水泥基防水材料(抗渗1号堵漏型)进行封闭处理,目的是在灌注化学浆液时不出现跑浆现象。封缝后进行养护数天,等材料具有一定的强度后再进行压水或者压气检查。

(7)配置浆液

根据之前试水所测定的灌浆孔漏水量和试水时的灌入水量,并考虑到灌浆过程中浆液的损失来估算所需浆液的用量,一般的配浆量要大于压入带颜色水的用量。

(8)灌浆

采用高压灌浆机向灌浆孔里灌注化学浆液,立面灌浆的顺序为由上向下,平面的可从一端开始,单孔逐一连续进行。当相邻孔开始流浆后,保持压力3~5min,即可停止本孔注浆,开始相邻孔的注浆。

(9)拆嘴

在吸浆量和预先估计的浆液用量相差不大,并且吸浆量逐渐减小到0.01L/min,压力也基本保持稳定的情况下,持续注浆3~5min即可结束注浆。灌浆结束后,在确定不漏后即可拆除或者凿掉外漏的灌浆嘴。清理干净已固化的外漏灌浆液。

(10)封孔

在经过检查不漏水之后,即可采用水泥砂浆等防水材料将灌浆口补平抹光。

5.2 操作要点及注意事项

(1)浆液一次配置的量,必须根据浆液的凝结时间和进浆速度来确定。

(2)钻孔前必须要先对图纸进行熟悉,了解钢筋结构,明白预埋管线的走向,以免破坏钢筋和管线。

(3)灌浆机械及管件在灌浆之前必须进行检查,运行正常时才能使用。

(4)根据裂缝区域的大小,可采用单孔灌浆或者分区群孔灌浆。在一条裂缝上灌浆可由一端到另一端,由下至上。

(5)灌浆结束后,应立即拆除管道,并清洗干净。

(6)当一枚针头在灌注较长时间后(约5min),浆液仍未从裂缝中流出,应该立即停止灌注,间隔一段时间后再继续进行,如仍未灌满,必须检查钻孔是否与预埋管线交叉,结构是否有外泄孔洞等情况。

(7)在进行灌浆时要严格监控灌浆机的工作压力表,一经发现数值超过额定压力($50MPa/cm^2$以上),应停机后再进行注浆,如果压力仍然居高不下,应检查钻孔是否与裂缝完全交叉。

(8)在灌浆时,操作泵的工作人员要时刻注意浆液的灌入量,同时观察其压力变化情况。一般压力突然升高可能是由于浆液凝结、管路堵塞或者浆液逐渐充满缝隙,应立即停止灌浆。如果压力稳定上升,但仍在一定范围内($40 \sim 50MPa/cm^2$),是正常的现象。有时还会出现压力下降的情况,这可能是由于孔隙被冲开,导致浆液大量被冲入缝隙深部,此时可以持续注浆。随着大量的浆液被注入裂缝,压力会逐渐上升并趋于稳定。压力降低的另一个原因是封缝或者管道接头发生漏浆,此时要及时停止注浆,并进行处理。有时由于泵的压力增大,将浆液压入缝隙深处,使大量浆液流失,这时可以对浆液的固结时间进行调节,使其缩短凝结时间或者采用间歇灌浆的方法来减少浆液的流失。

(9)拆嘴:灌浆完毕24h后,在确认不漏的情况下,即可去掉或敲掉外露的灌浆嘴。

(10)清理干净已经固化的溢漏出残留在表面的浆液。当在干燥的环境下施工时,可以利用材料本身的特性,喷水使其膨胀后,再进行清理。

6　材料与设备

本工法使用材料为水溶性聚氨酯注浆材料和抗渗水泥,使用的机械有高压清洗机、高压注浆堵漏机、止水针头、钻机和钻头。

高压注浆堵漏机灌浆压力可以达到70MPa,可进入0.02mm以上的裂缝,重约7kg,体积小便于携带。而且进料方便,节约时间、避免污染。

止水针头(8.5~25cm等各种长度),一般大于15cm的长针头主要用于松散结构,短针头(8.5cm、10cm)主要用于密实结构,并可定制其他规格。

钻头:规格14mm×210mm,14mm×310mm等。其他还有牛头针、高压管等。

7　质量控制

(1)堵漏前必须进行现场的调查,了解现场施工情况,分析渗漏水的原因,查清漏水部位、孔隙的宽度、长度、深度和贯穿情况,并了解不同天气的漏水情况,测量漏水的流量和流速等,通过充分的调查,拟定切实可行的堵漏方案,做好各项安全准备工作。

(2)严格把好材料质量关,使用的堵漏砂浆或堵漏王以及灌浆材料必须要有质量合格证书方可施工,材料设备必须符合相关标准,绝不使用伪劣产品。

(3)严格遵守操作规程和技术规范,施工中不偷工减料。

(4)坚持检查验收制度,坚持自检、互检和专检。

8 安全措施

(1)灌浆所用的设备、管路和料桶必须分别标识。

(2)输浆管必须要有足够的强度,装拆要方便。

(3)所有的操作人员必须穿戴必要的劳动保护用品(如手套、护目镜等)。避免注浆料直接接触皮肤,如沾染应立即用大量清水冲洗,误触眼睛应立即就医。施工时必须注意通风及远离火源。上下脚手架必须正确佩戴安全帽及安全带,应有自动卡紧保险装置,脚手架必须牢固、稳定。

(4)对混凝土面进行凿除时,周围人员要注意不要被伤害。

(5)在光线暗处,应采取照明措施,作业区内电线及配电箱要整理好,不准杂乱放置。

(6)注浆机具使用完必须马上使用清洁剂清洗干净,如清洗不彻底容易造成卸料阀门堵塞,机具发生故障。高压管使用超过 3 个月或久放不用,可能老化,耐压性降低,应及时更换新管。

9 环境保护

聚氨酯堵漏材料和堵漏王都是无毒、无味的,不污染环境,可用于饮用水环境,所以只需要清理固化残留物即可满足环境要求。清理已固化残留在表面的灌浆液,采用喷水后材料膨胀后清理,专人清理残留物,垃圾袋装。对于周围水域如出现浆液固化物,要及时进行打捞清理,并集体装袋处理。

10 资源节约

先进行引流管引流可以给后续的注浆施工创造有利条件,在很大的程度上可以节约大量的注浆量,而亲水性聚氨酯注浆材料在对于注浆堵漏上的用量和成本都比传统的注浆材料低。

11 效益分析

通过对广兴互通綦江河大桥 2 号墩基坑涌水的处理,发现采用聚氨酯快速灌浆可以快速地进行涌水的封堵,且效果良好。与传统水泥注浆相比,可控性好,无不确定性。同时在流动性水中，与水泥压浆相比，减少了大量水泥浆液被压力水稀释、冲走的情况发生，节约了大量成本。同时基坑快速堵漏后减少了因基坑涌水而发生的长时间抽水费用。快速堵漏后可消除因长时间涌水而造成的涌水量扩大的恶化现象，及时消除安全隐患。同时节约了大量工期。

12 应用实例

由于一些原因，重庆三环广兴互通綦江河大桥 2 号墩基坑封底后出现 3 个位置的管涌漏水情况，漏水量大，基坑内严重积水，阻碍施工。漏水部位通过普通堵漏办法无法成功进行堵漏，所以采用聚氨酯注浆堵漏，堵漏效果良好。

图 2 为单个孔漏水情况，涌水量大，水流急。

图 2 单个孔漏水情况

图 3 为导管分流和注浆的施工状况图，可以看出，经过引流和初步注浆，渗水量大量减少。

图 3 导管分流和注浆的施工状况

图 4 为堵漏后的效果：

图 4　堵漏后的效果

图 5 为涌水处理后基坑整体效果图。

图 5　涌水处理后基坑整体效果

江綦高速公路桥梁施工中悬臂挂篮技术的研究

刘 伟

（中国葛洲坝集团第五工程有限公司，宜昌 443002）

摘 要：悬臂挂篮技术的作用是在桥梁工程中用来悬臂灌注的设备，挂篮是可以移动的，其特点适用于桥梁施工建设，并为桥梁工程提供多方面的施工支持。本文从悬臂挂篮技术的概述出发，分析了挂篮的构成，针对悬臂挂篮技术在桥梁施工中的应用进行探究。

关键词：桥梁施工；悬臂挂篮技术

1 引言

科技的发展带动道路桥梁施工技术的完善，悬臂挂篮技术是桥梁工程中的重要技术之一，起着重要的作用。悬臂挂篮技术的作用是在桥梁工程中用来悬臂灌注的设备，挂篮是可以移动的，其特点适用于桥梁施工建设，并为桥梁工程提供多方面的施工支持。悬臂挂篮技术在桥梁施工中具备操作简易化、提高施工效率、资金投入小等特点，在桥梁施工中得到广泛的应用。

2 悬臂挂篮技术的概述

悬臂挂篮技术主要被广泛应用在桥梁的施工过程中，采用这种技术就是在悬臂浇筑的过程中利用挂篮作为施工建设的主要设备。在实际的桥梁建设过程中，挂篮的形式是多种多样的，包括：自锚式、压重式和斜拉式，其中，我国桥梁建设中应用最为广泛的是自锚式。而自锚式中，又以自锚平衡式运用的最多，这种形式具体可以细分为斜拉式和桁架式，相比于后一种形式，斜拉式具有变形程度小、重量轻以及结构简单等优点。斜拉式挂篮还可以细分成组合式的斜拉式挂篮和独立式的斜拉式挂篮，采用组合式的形式是经过长时间的具体实践后总结出来的一种更加完善的结构。

3 挂篮的构成

3.1 主桁架系统

菱形主桁架的构成主要包括竖杆和菱形桁架，通过桁架对两片主桁架竖杆实施连接,后上横梁是桁架外延部分水平杆,仅在升降或行走挂篮时,主要对底篮后横梁传来的荷载进行应用。采用前上横梁在两片主桁架主纵梁前上端安装使用,在各工况下,对下横梁传来的竖向荷载进行承担。

3.2 底篮平台

底篮平台的构成主要包括横梁、底纵梁、后下横梁以及底模。通常情况下,前、后下横梁对双拼工字钢进行运用,而纵梁运用的是单工字钢,纵梁栓接固定前、后下横梁,在纵梁上对底模进行铺设。

3.3 吊杆系统

底篮平台的吊挂是通过前后吊杆实现的。前吊杆主要承担梁段现浇施工荷载,并可通过采用千斤顶升降挂篮,在后横梁两端的后吊杆上进行布设,主要用于升降和行走挂篮,对挂篮自重荷载进行承担。该两种吊杆对 Q345B 钢板带或 Φ32 精轧螺纹钢得到运用,在腹板外侧和底板中部的吊杆上实施布设,上端在已浇混凝土梁段底板和翼板上实施锚固,对梁段现浇施工荷载进行承担。

3.4 行走及锚固系统

挂篮行走体系的组成主要包括滑道、后走行轮、滑板及顶推千斤顶。行走轨道处于主桁架以下,主要是由两根工字钢构成,在腹板顶面运用扁担梁和腹板对螺纹钢筋进行竖向精轧并得到锚固。在主桁架竖杆处主梁下安装前支点滑板,并运用后行走轮在主桁架尾部进行安装。在挂篮行走的过程中,前滑板处行走轨对压力进行承受,在轨道上翼板下钩设后行走轮双轮,轨道对行走轮构成反压,使挂篮整体平衡得到保障。桁架纵梁尾部上的反压型钢和精轧螺纹钢筋共同构成挂篮主后锚,当挂篮行走就位以后,采用精轧螺纹钢在已浇梁段上锚固主桁上的反压型钢。

3.5 模板系统

底模、外模和内模三部分是构成挂篮悬浇箱梁的模板。底模对大面积钢模进行运用,钢板作为面板,扁钢作为肋板,根据方格状进行布置。运用冷轧钢板,使其发挥外模面板的作用,通过单个构件构成骨架。在翼板下对外模滑移轨道进行设置,在前上横梁上将前端悬挂上去,并在已经完成的箱梁一般下悬吊后端,挂篮行走过程中,滑移轨道和侧模会一起前移,通常运用竹胶板拼装,钢管脚手架支撑作为内模。

4 悬臂挂篮技术在桥梁施工中的应用

4.1 制作挂篮与吊装

悬臂挂篮技术在桥梁施工中的应用，首要技术工艺为制作挂篮并吊装。制作挂篮应该按照技术的规定进行，挂篮在制作的过程中，需要严格遵循图纸的要求，维护挂篮的安全结构，防止其在吊装时潜在坠落风险。确定挂篮稳定后，再进行挂篮吊装。首先，挂篮吊装前期，需要排查桥梁施工的现场，全面熟悉悬臂挂篮的吊装环境，还要检查设备、工艺流程等，以免影响悬臂挂篮吊装的质量效果；然后根据挂篮吊装的流程，一边检测吊装的安全性，一边进行吊装防护，防止挂篮及部件掉落，提升挂篮吊装施工现场的安全水平；最后确保吊装后挂篮的安全性，牢固后可投入施工。挂篮的制作与吊装与整个悬臂挂篮技术的应用存在直接的关系，保障悬臂挂篮的质量，有利于提升桥梁施工的水平。

4.2 挂篮中的混凝土浇筑

悬臂挂篮技术在桥梁施工中占有很大的比例，其中混凝土的浇筑环节较为复杂，需要严格控制悬臂挂篮中的混凝土浇筑，尤其是浇筑的细节，由此才能保障混凝土浇筑的水平，强化悬臂挂篮的安全性能。悬臂挂篮在桥梁施工中承担很大的支撑力，不论是在材料、设备运输上，还是在移动方面，都具有明显的灵活优势，混凝土浇筑选在悬臂挂篮中完成，主要是受到结构稳定的影响。浇筑前期，需要在悬臂上检查混凝土浇筑的材料，如钢筋、锚固连接件等，确定材料准备齐全后，即可进入浇筑阶段，混凝土浇筑容易受到外界环境的干扰，施工中可以根据桥梁工程现场附近的环境适度调整工程进度，以此来保障混凝土浇筑的基础效益，防止浇筑出现质量缺陷。

4.3 挂篮预压试验

悬臂挂篮预压试验的对象是新挂篮，其为新挂篮施工中必不可少的技术。挂篮预压试验根据桥梁施工的需求，检测挂篮构架承载能力，通过预压试验确定挂篮的基本性能，进而防止挂篮发生变形事故，维护悬臂挂篮施工现场的安全。待悬臂挂篮安装完成后，还应进行载荷试验，此项试验用于检测悬臂挂篮整体的承载水平，载荷试验中有明显的规定，试验载荷的数值应高于最大梁段长载荷的 1 倍到 1.5 倍。重庆三环高速公路江津至綦江段三座大桥建设中，悬臂挂篮预压试验的数据，见表 1。

江綦路三座大桥预压试验的数据　　表1

桥　　名	最大梁段长/重量	挂篮利用系数
观音店特大桥	4.5m/2665.6kN	0.85
金银峡大桥	4.4m/1828kN	0.65
土槽湾大桥	4.5m/2052.86kN	0.77

5　桥梁施工中悬臂挂篮技术的应用案例

以重庆江綦高速公路观音店特大桥施工为例,分析悬臂挂篮技术的实际应用,具体的设计思路与应用如下。

5.1　案例简介

观音店大桥(95+176+95)m连续刚构为三向预应力混凝土结构,主梁为分幅式单箱单室截面。每幅箱梁顶板宽13.0m,底板宽7.6m,两翼板悬臂长2.70m,设2%单向横坡。跨中及边跨现浇段梁高均为3.75m,箱梁高度(以腹板外缘为准)由1(1')号截面的11.5m以1.6次抛物线渐变至22(22'号截面)的3.75m。底板厚度由1(1')号截面的1.3m以1.6次抛物线渐变至22(22'号截面)的0.35m。箱梁0号节段长10m,每个悬浇"T"纵向对称划分为21个节段,梁段数及梁段长从根部至跨中分别为7×3.3m、7×3.9m、7×4.5m,节段悬浇总长81.9m,最大块件重量为272.1t。

5.2　悬臂挂篮技术的设计思路

该桥梁工程的悬臂挂篮技术的设计思路,需要根据分段长度决定,同时还能满足载荷设计的需求。该桥梁工程的悬臂挂篮设计还应考虑桥梁的箱梁部分及整个桥面的宽度,因为该桥梁工程的横截面为箱体结构时,可以直接采用一个挂篮,相比多箱结构的悬臂挂篮技术要简单。

分析该桥梁工程悬臂挂篮技术的载荷设计,如:

(1)模板载荷,以0.8~1.0kPa为基础,后期可以根据模板的实际尺寸进行调节;

(2)振动载荷,根据振动器的具体情况,设计挂篮模架,载荷设计应高于振动器载荷的4倍;

(3)悬梁挂篮上承载的施工人员的载荷,估算为2kPa;

(4)最大桥段的载荷应符合自重载荷的要求。

该桥梁工程内悬臂挂篮技术的设计方案为:悬臂挂篮的主要承载结构为底部的横梁,确保刚度的最大化,横梁后下部分的锚固处理应具有5~10t的承载预压能力,没有布设具体的测点,但是该悬挂横梁的测点布设位置,着实反映了弹性变形因素,方便数据监测。

5.3 悬臂挂篮技术的应用

该桥梁工程悬臂挂篮技术的应用依照规范的工艺进行,其中比较重点的技术应用属于加固部分。分析该桥梁工程内悬臂挂篮技术的加固要点,如:

(1)横系梁加固,此部分加固主要是解决竖向的裂缝,可以适当粘贴角钢强化结构的稳固性;

(2)弦杆加固,弦杆是该桥梁重点保护的位置,较容易出现裂缝,严重破坏了悬臂挂篮的结构稳定,偏重弦杆的抗剪强度进行处理,利用U形钢箍加固;

(3)拱顶加固,该桥梁工程内悬臂挂篮技术中的拱顶加固部分,需要解决下缘裂缝的问题,针对跨中的截面采取钢板加固,可以利用粘贴的方式稳固钢板。

5.4 桥梁施工中悬臂挂篮技术的质量控制

桥梁施工中悬臂挂篮技术的影响比较大,工程施工时需要控制悬臂挂篮技术的质量,为桥梁工程提供可靠的技术支持。规范悬臂挂篮技术中质量控制的措施,如:

(1)全面考察施工现场,按照技术方案中的内容规划可能出现的技术问题,提前进行控制预防,以免悬臂挂篮技术过程中出现质量缺陷;

(2)监督悬臂挂篮技术的现场质量,排除潜在的质量隐患,协调并完善施工现场;

(3)科学的验收悬臂挂篮技术在桥梁施工中的应用,实行安全验收的策略,确保合格后才能进行下一阶段的桥梁施工,体现悬臂挂篮技术的价值。

6 结语

悬臂挂篮技术在桥梁施工中发挥重要的作用,属于不可缺少的一项技术工艺。目前,桥梁工程中逐步推广悬臂挂篮技术的应用,利用悬臂挂篮的施工技术,一方面保障桥梁施工的质量,另一方面确保桥梁施工的安全,致力于建设稳固的桥梁工程。悬臂挂篮技术具有一定的规范性,提升桥梁施工的根本性能,进而优化桥梁施工的质量。

参 考 文 献

[1] 吕继奎,董书贵.浅谈桥梁施工中单侧悬臂挂篮法及施工要点[J].科技创业家,2013(4):26.

[2] 宋普河.关于桥梁施工中悬臂挂篮技术的研究[J].四川建材,2013(4):188-189.

[3] 许军.桥梁施工中单侧悬臂挂篮技术的运用[J].中华建设,2013(12):166-167.

浅谈江綦高速公路节能环保技术措施

匡　华

（中国葛洲坝集团第五工程有限公司，宜昌　443002）

摘　要：节能环保作为我国一项基本国策，随着我国经济水平的提高，以及基础建设的迅速发展，环境污染、生态破坏等问题也大量暴露出来，其中也包括因高速公路的建设而产生的环境问题。本文就节能环保技术作简要的探讨。

关键词：高速公路；节能；环保

1　项目简介

重庆三环高速公路江津至綦江段工程起点位于G93成渝环线高速公路江津至合江段先锋互通附近，经江津区先锋镇、金泉镇、青泊镇、贾嗣镇、广兴镇、夏坝镇，綦江区升平、北渡镇，止于綦江城南侧，与G75兰海高速公路相连。路线全长47.788km，设计速度80km/h。

全线采用双向四车道高速公路标准建设，路基宽度24.50m，沥青混凝土路面。桥宽24.0m，分离式路基宽度12.25m，桥宽12.0m。全线桥涵设计汽车荷载等级采用公路-Ⅰ级。

2　临建工程施工采取的节能环保技术措施

对于施工便道，全线统一规划，尽可能地利用已有的村道、县道、省道，注意生态保护。新建施工便道尽可能不砍或少砍树木，确实需要清理的树木尽量移植；少占用农田、林地，不破坏原有水系，减少水土流失。施工便道路面进行泥结碎石处理，陡坡路段采用混凝土硬化，并经常洒水、养护，避免尘土飞扬，污染环境。根据施工便道附近的地形条件，布设必要的排水系统，将径流引入路旁天然沟渠、河流。

拌和站的建设应尽量远离村庄、学校、医疗等敏感目标，一般都选在上述环境敏感点主导风向的下风处200m以外。拌和站远离河道，施工废水经过沉淀、过滤处理后方可排出，以减少对附近水系的污染与破坏。

3　路基工程施工采取的节能环保技术措施

路基施工坚持一个原则:即坚持"最小程度破坏、最大程度恢复"的原则。在具体施工中做到"施工不流土、竣工不露土",做到"三不、五隐蔽",即不乱挖乱填,不砍风景林、名贵树木,不扰乱山洪水系;取土场要隐蔽,弃土场要隐蔽,采石场要隐蔽,拌和场要隐蔽,建筑垃圾要隐蔽。

路基施工前,应明确现场工作界限,并保护好所有规定保留的植物及构造物。清表前先放出挖方坡口线,只准进行坡口线以内的砍树、挖根和清除表土等作业,严禁清除坡口线以外的植被。清表的土方必须集中堆放,不得与其他弃土混堆,并做好临时防护和排水,用作以后中央分隔带、互通式立交区、服务区、边坡绿化及弃土场等复耕绿化的回填土。

弃土场选择原则是:节约用地、少占耕地,保持水土,保护自然景观,符合当地环境、植被和水土保持要求,便于水土保持、植被恢复和美化环境。弃土场应充分考虑环保和水保要求,设置在距离拟建项目较近的山间汇水面积较小的沟谷,对行洪汇水没有影响的荒地或劣质地,并设置必要的防护、环保设施、排水系统,弃土场必须先施工防护设施,然后才能弃土。

高速公路绿化尽可能采用本土植物。边坡绿化必须与周边环境相结合,在植被的颜色、高度、物种等方面尽量做到与周边自然环境相一致;在边坡绿化中采用乔、灌木、草本植物相结合的方式;在边坡绿化中尽量使种类丰富,避免单一;结合不同的土质、石质,选用适合本地生长的、根系发达的、不同类的乔、灌木进行绿化;并充分利用表土来覆盖,表土应占总土量的80%。表土应用富含腐殖质的土壤。

4　桥梁工程施工采取的节能环保技术措施

桥梁钻孔灌注桩施工应选在枯水期或平水期施工,尽量避开雨季、汛期。并及时疏通河道及沟渠,确保汛期及时排洪排涝。人工挖孔桩挖出的桩渣应废弃或利用到合理的地点,不允许乱倒乱放。

桥梁墩台修筑完毕,及时清除围堰等临时工程的堆积物,并将施工中产生的废浆、废土和废弃物及时运到弃渣场,恢复河道河岸。生活垃圾、施工废料应分类回收,集中堆放和处理。

桥梁上部结构施工采用支架现浇、预制吊装、悬臂浇筑等施工技术,现浇箱梁采用支架现浇,在地基承载力满足要求的情况下,少硬化场地,硬化部分在箱梁施工完毕后挖除、恢复植被。预制场尽可能设在桥头路基范围以内,四周设沉淀池过滤,防止废水无处理排放。

5 隧道工程施工采取的节能环保技术措施

隧道洞口工程施工,有条件的可取消“仰坡开挖”,实现“贴壁进洞”。传统隧道进洞施工工艺流程为:施作截水沟→边仰坡开挖加固→成洞面开挖加固→暗洞施工,其中仰坡开挖对隧道顶部的植被破坏最大。

在洞口设滤油池、沉淀池、处理池。隧道施工废水首先进行处理,达到排放标准后,再排入沉淀池进行沉淀、去除泥浆等杂质;沉淀在底部的泥浆定时清运,上部清液循环利用或外排。

隧道爆破作业时做好扬尘消除工作,喷射混凝土施工时,采用湿喷法。另外隧道内注意洒水除尘,保证路面湿润,避免隧道内扬尘。对隧道内壁也经常进行冲洗,防止上面附着的烟尘颗粒再次飞扬,二次污染。

由于高速公路很多隧道顶部区域有附近村民生活、生产水源,因此隧道施工时针对此类位置采取措施防止地下水流失。

隧道内空气受施工机械、爆破作业等影响而遭受污染,因此必须按隧道长短、污染源等情况,通过通风量计算选择通风方式、安置通风机,保证隧道内空气新鲜。

6 结语

在高速公路飞速发展的今天,高速公路建设材料资源消耗严重、循环利用率低,以及生态环境破坏等问题,在一段时间内,将伴随着我国高速公路建设。因此,对筑路新材料、新工艺的开发,将在一定程度上有利于增加资源、能源的利用率以及生态环境的保护。

浅谈道路桥梁施工防水路基面的处理

徐　鹏

（中国葛洲坝集团第五工程有限公司，宜昌　443002）

摘　要：随着社会经济的快速发展，道路桥梁建设数量和规模也在日益增加。防水路基面的施工是路桥施工中的重要步骤，影响着路桥工程的施工质量。本文基于此重点介绍了在道路桥梁工程中防水路基面施工技术的具体应用。

关键词：道桥施工；防水路基面；施工技术；应用

1　引言

道路桥梁建设工程是我国重要的基础项目工程，对于我国社会经济的发展和人们的日常生产生活都有着非常重要的作用，在社会不断发展的过程中，人们对于道路桥梁工程的质量要求越来越高，道路桥梁的建设越来越多，道路桥梁工程建设的发展也为我国城市化进程的发展提供了重要的基础保障。通过道路桥梁工程的发展建设，人们的日常交通压力也逐渐减少，并且为我国社会经济的发展做出了重要的贡献。道路桥梁工程是一项综合性较强并且具有较高技术要求的施工工程，其中防水路基面的施工是道路桥梁工程中的重中之重，然而防水路基面的施工经常会出现很多质量问题，其中路基面上出现裂缝是最为常见的一种表现形式。在路基面发生裂缝时，路基的防水层就会发生破坏，从而使雨水渗入到道路桥梁的整体结构中，这样不仅会影响到道路桥梁的外观，也会大大地降低道路桥梁的使用寿命，并且对于人们的日常交通出行也会带来严重的影响。因此为了更好地保证道路桥梁的施工质量，就必须要保证好道路桥梁工程中的防水路基面的质量。

2　依托项目简介

重庆三环高速公路江津至綦江段工程起点位于G93成渝环线高速公路江津至合江段先锋互通附近，经江津区先锋镇、金泉镇、青泊镇、贾嗣镇、广兴镇、夏坝镇，綦江区升平、北渡镇，止于綦江城南侧，与G75兰海高速公路相连。路线全长47.788km，设计速度80km/h。

全线采用双向四车道高速公路标准建设,路基宽度 24.50m,沥青混凝土路面。桥宽 24.0m,分离式路基宽度 12.25m,桥宽 12.0m。全线桥涵设计汽车荷载等级采用公路 - Ⅰ级。

主要工程包括隧道 4 座、大中桥(主线)22 座、互通 7 座,沿线设 2 个停车服务区(先锋、广兴)、5 个收费站(青泊、贯嗣、广兴、北渡、綦江)。主要控制工程为金泉隧道、贾嗣隧道、南山 1 号及 2 号隧道、先锋枢纽立交、綦江枢纽立交、观音店綦江特大桥、金银峡綦江大桥、土槽湾綦江大桥。主要工程数量见表 1。

主要工程数量　　表 1

序号	指标名称	单位	数量
1	路线长度	km	47.788
2	路基土石方	m^3	5924538
3	特殊路基处理	m	7131
4	大中桥(主线)	m/座	6400.74/22
5	小桥	m/座	—
6	涵洞	m/道	4541.320/86
7	隧道	m/处	9409/4

项目区具有独特的气候特点:年总降水量 1050 ~ 1350mm,夏秋两季降水量占全年降水量总量的 70% 左右,冬季降水量少;冬暖春早,夏热秋雨,降水丰沛,空气湿润,雨热同季。因此在本项目对路桥的防水处理显得尤为重要。

3　路桥防水路基面受损的内外原因

路桥建设本身就是非常严谨的工作,一个非常细小的错误就可能造成严重的后果,所以在路桥建设工作中是不允许出现错误的,但是在施工过程中,存在很多的原因会导致损坏路桥的防水路基面,在处理上只是进行表面的封堵和强化是无法解决问题的,还有可能让这些隐患慢慢累积,出现更大的问题。我们需要根据施工环节和施工过程,找出损坏的原因研究分析,有针对性的对路桥防水路基实施控制。

3.1　设计原因

在设计路桥路基时,没有强化防水的性能,这样会导致在路桥防水路基施工中结构上存在缺陷,路桥的路基面就很容易在负载和冷热的情况下出现开裂和裂缝,进而造成严重的渗漏问题,这些不仅对路桥防水路基面的功能有影响,还会降低路桥防水路基的使用年限。

3.2 材料原因

在路桥防水路基面施工时,没有使用有效的防水材料,或者使用的防水材料在技术性能上无法满足路基面的实际需要,使得路桥防水路基面没有达到理想的防水效果,影响其功能的发挥,并且严重的还会引起路桥防水路基面出现缝隙,影响了防水路基面对路桥的保护效果。

3.3 施工技术原因

在路桥防水路基面施工过程中施工技术不够完善,导致出现路基面不够平整、路基面防水涂层不够规范、路基面不牢固以及混凝土部位的拉毛处理不够平稳等一些问题,这些施工技术问题会让路桥防水路基面受到很多因素的影响,降低质量效果,使得路桥防水路基面很容易出现损坏,影响道路使用的安全性。

4 道桥防水施工中的路基面处理方法

4.1 对道桥工程进行科学的设计

保证道桥建筑质量的前提是设计图纸时必须科学合理,符合建筑学和物理、化学原理。尤其是交通运输压力日益增加的今天,道桥解决的问题已经远非从前可比,面临着新的情况和难题,如果还按照传统的建筑方式和设计,不考虑道桥承载的规律和城市发展的整体规划,或是简单地将原有道桥加宽或扩建,那么会引起道桥建筑的防水效果不佳,引发不必要的事故。必须科学合理地进行工程的规划与设计,进行高质量的施工,才能保证防水问题处理恰当。要选择适当的路基,勘测路基的土质和环境是否能够影响将来道桥工程的使用。

4.2 使用合格适用的防水材料

道桥防水路基面主要是靠建筑材料阻断水的通路,以达到防水的目的或增加抗渗漏的能力。在道桥建设中,防水层位于混凝土路面与沥青混凝土层之间,故三者的黏合性就非常重要,选择适用的防水材料就尤为重要。防水材料应该具有三大特性:具有无缝防水功能;拉伸强度和弹性回复力极强,即使在残酷的气候条件下长期使用也不发生脱落、龟裂等现象;黏结力强,能牢固吸附在各种基面,施工方便。经过时间的推移,人们发现传统的防水材料由于存在固有缺陷,主要是施工要求高、黏合性差,路面内部容易形成缝隙,形成积水,造成路面脱落,严重地损毁路面。随着材料科学的发展,新型防水材料层出不穷。新型材料具有高强度不透水性,黏合性好,不易脱落,但是使用成本高。同时,由于我国建筑防水材料产业结构不合理,市场集中度低,低水平同质化竞争严重,血拼低价竞争现象严重，致使许多产品偷工减料，达不到规范要求，致使防水材料存在着质量缺陷。因此，在施工中，根据施工地的气候及地质条件，要选择合格适用的防水材料，达到防水效果与经济成本的动态平衡，从而解决道桥防水问题。

4.3 施工过程要科学规范

(1)道桥水泥混凝土路基施工结束后，粗糙表面的摩擦力比较大，因此为使防水层更好地黏合混凝土路基和沥青路面，要做好表面拉毛处理，拉毛的粗糙程度和深度必须根据具体的防水材料确定，避免路基、防水层、沥青路面之间发生剥离或积水的现象。

(2)只有在水泥混凝土路基凝固到一定强度时才可以进行防水层施工。路基必须平整坚固，其表面必须干净整洁。路基表面不得有凹凸不平、起砂、脱落等现象，尤其是不应有明水等。

(3)在喷涂防水涂料时必须采用专用的喷涂机。在使用过程中，非专业喷涂机不仅会造成施工安全隐患而且还不利于防水层到达施工标准。因而使用非专业喷涂机会在一定程度上影响道桥寿命。同时，在喷涂过程中也应该按一定的顺序均匀喷涂，以免造成施工事故。尤其应该注意的是不应该在已经喷涂好的防水层上再次喷涂其他黏层油。此外，关于最后沥青混凝土的施工时间也应该尤为注意。防水层干燥一定时间后再铺设较好，一般以48h为宜。

4.4 道路桥梁防水施工路基面处理技术

(1)抛丸处理工艺。①因为要把处理面达到工程要求的标准，可以通过使用机械方式用质地是钢的圆球在距离水平面一定高度情况下快速地下降到平面上，通过这样的方式来对平面处理，以达到施工的要求，这样的抛钢丸处理过程也是一种比较常用的技术。②通过钢丸抛起降落的过程去除原料上面所浮动的部分，将防水成分与防水层面其他材料充分混匀，起到防水的最佳效果，比较容易控制工程实施过程中的实施效果，得到最理想化的表面不平整程度，而且可以应用到道路桥梁的很多表面处理环节。而这种方式处理平面最大的优点就是能够杜绝灰尘的产生，在整个施工现场都能保证空气质量，不仅对于从业人员身体上是一个保护，对于周围的环境也是大有好处的。基于上面的工程优点，特别是最近几年来随着对于道路桥梁防水施工中路基面的施工重视，这样抛钢丸处理平面的方法得到了最大限度的应用，尤其在一些工程中，这种技术成为了唯一使用方法。

(2)磨削处理、钢丝刷处理、甩锤式凿毛等处理工艺。在我国道路桥梁路基面处理工艺发展过程中，曾采用过装有金刚刀头的圆盘式地坪磨削机或在磨削机圆盘上安装

钢丝刷对路基面进行打磨处理的方式，但这种方式一般只能去除少量的表面浮灰，基本无粗糙度可言。

（3）自由度刨床处理。自由度铣刨机完全是从小型铣刨机发展而来，其刀鼓、刀杆、刀具基本与小型铣刨机结构相同。不同之处是其刀鼓除沿圆方向高速转动外，其刀鼓的轴向还有水平旋转运动。加上整机的行走运动，使刀片对道路桥梁路基面的冲击轨迹无方向性，再配以吸尘设备，其打击效果比较接近抛丸效果。

5 道路桥梁防水施工中的管理

以道路桥梁防水施工为例，必须做出相应的人事安排，例如，调整施工人员、工作和休息时间，因为要防止过度劳累上岗和事故的高强度，确保工程安全施工。加强员工的管理培训，提高施工工艺人员的质量意识，帮助他们了解整个过程，熟悉机械设备的操作。道路和桥梁的建设过程中，针对违法建设现象，如偷工减料，不依照规定的水泥比率等，需要严厉惩处，创造良好的施工队伍的工作作风和精神，形成示范效应和活性的影响。要保证道路和桥梁的机械及设备条件及时进行维修，加强养护和管理。应安排维修和维护专家，预防施工设备在工作中出现问题，影响施工的质量。通过检测和跟踪，不定期抽查，保证桥梁防水施工中的机械装置可以发挥它应有的水平。通过施工管理工作，创造良好的施工环境，可以有效地保证桥梁工程质量的防水施工，减少问题的发生，提高桥梁防水工程施工水平。

6 结语

对当前我国道桥施工中存在的各种问题，应加强对道桥建筑的质量建设，我国相关部门也开始更加注重对基础道路桥梁的工程建设力度。掌握了道桥的防水施工工艺，对道桥的防水技术进行攻坚克难，使防水技术提高到新的层次，不仅使道桥的施工质量得到较大的改进，而且对道桥建筑业的技术达到国际水准提供保证。

参考文献

[1] 周霞．道桥施工防水路基面处理研究[J]．山西建筑，2012(28)：165-167.

[2] 王鑫冬．道桥防水施工路基面处理方法研究分析[J]．科技致富向导，2011(5)：257-264.

[3] 程永存．道桥防水施工路基面处理工艺与设备[J]．中国建筑防水，2013(5)：32-36.

江綦高速公路的工程节能环保建设管理的探析

刘　江

（中国葛洲坝集团第五工程有限公司，宜昌　443002）

摘　要：如今节能环保是工程建设的主题词，也是在建筑市场激烈竞争中获胜的关键。本文结合重庆江綦高速公路建设过程中对工程环保节能方面的探索、努力及取得的经验，从总承包项目管理、临建规划及施工细节方面对工程节能环保建设进行分析。

关键词：高速公路工程建设；管理；节能；环保

1　引言

从2006年我国实施“国民经济和社会发展第十一个五年计划纲要”，要求经济建设做到“立足节约能源保护环境推动发展，要依靠提高资源利用率带动转变”，到十二五期间“绿色发展建设资源节约型、环境友好型社会”，节能环保成为工程建设的主题词，也是在如今建筑市场激烈竞争中获胜的关键。重庆江綦高速公路顺应潮流，积极响应公司号召，立足重庆工程建设市场及现有施工作业环境，充分发挥总承包模式的管理优势进行工程节能环保建设方面的探索。

2　强化节能环保管理措施

（1）江綦高速公路总承包部与各部室、分部签订经济责任制及节能环保责任书，强化员工责任意识；

（2）建立健全奖惩机制，对项目建设中提出先进工艺及节能环保措施的员工及队伍予以重奖，对工作中疏忽浪费的予以重罚，做到奖罚分明；

（3）树立节能环保先进典型，总结经验和做法，推广先进技术、先进操作法和优秀技术成果。

3　充分发掘当地资源

（1）总承包部与分部驻地选址不但有利于施工现场控制，还要结合当地可利用工厂、办公楼，减少板房建设，不仅提高了办公居住舒适度，还减少了大量建设资金投入及后期废旧板房的处置污染。

(2)施工现场进场便道及施工便道尽量与已有地方道路相结合,减少资源投入及土地使用。

(3)本项目石料使用量巨大,势必带动当地小石料作坊的发展,但小作坊毕竟实力、技术有限,资源利用率及产品合格率低,造成资源极大浪费。江綦高速公路经过研讨,从葛洲坝五公司引进先进石料生产线在当地建设两个自营式料场,进行级配碎石及机制砂的生产,达到资源的充分利用,也规避了石料价格波动及生产质量对工程建设的影响。

4 集约建设凸显管理优势

总承包部根据重庆市标准化建设要求,督促各分部严格执行“三集中”建设,本着节约用地、集约用地的原则,充分利用互通立交及服务区红线用地进行拌和站、钢筋加工场、预制场的建设,并发挥“三集中”建设管理优势:

(1)集中管理混凝土生产及钢筋原料加工,既提高资源利用率又保证产品质量。

(2)梁片钢筋制安减少二次搬运,有效避免半成品遗失及变形。

(3)集中规划水源利用,加强养护、施工用水循环利用。

(4)根据施工现场进度,有效规划梁板预制,区段内集中配送梁片,提高梁片预制配送效率。

5 严格控制生产能耗

(1)培养员工节能意识,日常工作、生活中保持节约作风,杜绝浪费。

(2)对项目使用或拟用的办公及生产机械整体评估,使用节能环保的新型设备,淘汰或限制进场那些状况差、能耗高、排放超标的机械。

(3)配备有责任心、技术熟练的机械操作人员和维修队伍,做好机械日常养护,使设备保存良好的技术状态,杜绝机械疲劳运营,降低能耗,减少排放。

(4)办公车辆集中管理,科学调度,减少空跑次数。

(5)机电物资部制定物资领用台账制度,各工程部位物资材料领用严格控制在设计量范围内,对于使用量超出设计的施工队伍与分部,根据现场实际情况予以相应处理措施。

6 提高资源二次利用率

(1)对路基土石方开挖石块统一规划,规则石块用于桥台石笋及片石挡墙砌筑;引进两台破碎机,对开挖石块进行清洗、破碎,用于三背回填透水性材料,为施工现场石料使用提供了充足的资源,且减少了施工成本。

(2)高强度等级混凝土试验段浇筑成规则形状,用于现浇箱梁预压块,避免了混凝土资源的浪费。

7 总承包部统一调配,资源共享

(1)总承包部根据总体进度安排,对各分部模板、支架体系等周转性材料进行统一调配,资源共享,提高材料利用率,避免周转性材料大量闲置。

(2)总承包部根据全线土石方挖填情况,统一调配挖方土方及隧道洞渣,有效提高土石方利用率,尽量实现区段内挖填平衡,减少弃土场规模,节约弃土场临时征地范围。

(3)将清表腐殖土存放在弃土场内进行腐化、分解,用于边坡绿化培植土。

8 结语

在竞争日趋激烈的建筑市场,怎么又好又快建设工程已成为各建筑企业立足的根本,节能环保型建设也成为未来发展的趋势,企业在节能环保建设方面的探索深度也决定了一个企业发展的高度。

高速公路“大站管理小站”运营管理模式的探析

潘桂渝

（重庆江綦高速公路有限公司，重庆　401147）

摘　要：高速公路收费站“集中式”（俗称“大站带小站”）管理模式的提出，给高速公路的建设者、管理者带来新的启发，使高速公路经营者找到了一种既可以降低建设成本，又可以减少管理费用的捷径。本文试图从高速公路管理者的角度，根据高速公路收费管理的需求，对高速公路集中管理模式进行探析。

关键词：高速公路；营运管理；大站管理小站；模式；优势

1　前言

重庆江綦高速公路有限公司2016年度股东会暨第一届董事会/监事会第五次会议审议内容，即为江綦路通车后实行“大站管理小站”管理模式运行。大站管理小站的管理模式是集以前两种不同管理模式（管理中心模式和部门直管模式）而形成的一种新管理模式。实施大站管理小站模式，减少了传统的管理中心至收费站的多一层管辖；简化了管理层次，使政令更加畅通，信息传达更迅速；而且大站范围内所有资源可以统一灵活调配，在人员精简的情况下应对突发事件的能力能够更为有效；同时大站范围内，人力资源能充分利用，对外沟通协调也能更为步调一致；而且在基层党政工团等建设方面也能集中利用资源，便于基层各项活动的开展，所以大站管理小站模式是新形势下高速公路创新管理中的创新。

2　高速公路运营管理现状浅析

从1988年我国第一条高速公路建成通车，历经20多年的迅猛发展，我国高速公路通车里程已经居世界前列。在第一条高速公路建成通车时，高速公路的运营管理就已经产生了，虽然各个管理机构对高速公路的管理都有了一定的经验积累，但是我国高速公路的运营管理仍处于探索阶段。

根据高速公路的管理内容划分及我国当前高速公路的管理现状，针对现有运营管理的优势和不足，只有不断探索新的高速公路营运管理思路，才能进行高速公路高效、科学管理,实现经济效益和社会效益的最大化。

3 高速公路运营管理模式转变的必要性

目前,我国高速公路的管理普遍采用的做法是分散式管理,一条或者一段高速公路建设完毕,就会成立新的管理机构专门负责其运营管理,不论大小站都设立管理处或管理站。这种管理模式为高速公路的发展奠定了基础,对高速公路运营管理的完善起到了推动作用,但随着高速公路不断发展,尤其是高速公路越来越向主体多元化、管理方式多样化的趋势发展,需要更为先进的管理模式。

高速公路的多元化发展,必然使得新的管理模式不断介入,这就要求重新组建新的管理结构,导致重复投入大量的资金进行管理队伍的建设及管理设备的购置,造成资源的浪费。同时,这种分散的管理模式使得各个路段被分割,一条路多个大小管理站点,而设置过多的收费站,又不能进行相互间的协调统一,影响了高速公路的通行,给用户带来诸多不便,降低了用户的满意度,不利于实现高速公路管理的规模化和标准化,更不能达到集中、高效、统一的管理目标,在这一背景下,大站管理小站(集中管理)模式就呼之欲出。

4 大站管理小站模式的含义

高速公路是现代化的交通设施,与一般公路不同,高速公路除了完成道路运输的功能外,还具有收费、管理、养护、服务等功能。而要满足这些功能,必须要有科学的运营管理模式,才能保障高速公路发挥出快速、高效、安全、畅通的优势。

目前,重庆市高速公路运营管理主要存在两种模式,一种是分站式管理,另一种是大站管理小站模式(集中式),如图 1 所示。

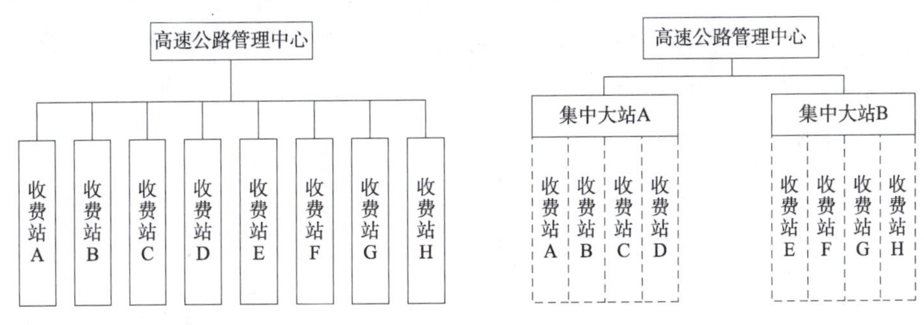

图 1 分站式和集中式管理

分站式管理是目前国内高速公路普遍采用的管理模式,也是重庆高速公路普遍采用的管理模式。所谓分站管理,即逢点设站,只要沿线有需要设置管理站的地点,均考虑

设置独立的生活、办公站点,如各收费广场边设置收费站,大长隧道附近设置隧道管理所等。分站式管理的优点是便于就近管理,但同时会带来人员机构冗杂、资源重复浪费等问题。

大站管小站(集中式)管理模式是指将一定范围内的收费站级管理机构进行整合合并,同时将各机构的收费人员和管理人员集中居住、办公,进行统一管理的一种模式。集中式管理模式的最大优点是,集中办公、集中生活、集中监控、集中管理,能大幅度地降低建设成本和管理费用。

5 大站管小站(集中式)管理模式的利弊分析

5.1 大站管小站管理模式的优点

(1)有利于促进资源优化配置,降低工程造价

高速公路管理、养护及服务设施的设置,主要是根据高速公路的里程、收费方式、管理模式等因素确定,同时还涉及机构的设置、土建的规模、人员的编制、建设成本的投入和运营成本的回收等一系列问题。合理的规划设计将有利于资源共享,降低高速公路建设成本。

按照传统的分站式管理模式,每个站点需要设置办公室、会议室、监控室、通信机房、宿舍、食堂,以及配套水电附属等基本设施。假设一条高速公路有 5 个匝道收费站,每个匝道收费站有 6 条收费车道,按照《公路建设项目用地指标》的要求. 每个独立收费站建设规模可以按建筑面积约 1000m^2、用地面积 7 亩(1 亩≈667m^2)考虑,则全线总建筑面积需约 5000m^2,总用地面积达到 35 亩。但如果按照大站管小站管理模式的标准设计,5 个收费站可以合并建设。同样保持原有人员编制水平。如果按大站管小站管理模式,收费站总建筑面积可以节省约 1000m^2。如按照同一容积率水平计算,用地面积则可以节省 7.35 亩。

大站管小站管理模式除了站点集中建设外,还采取全路段集中监控的方式进行管理,取消了各小站的监控大厅建设,因此这种模式还可以大幅度降低机电设施等的建设成本。

(2)有利于精简管理机构,节约运营管理成本

假设是一条设立 5 个收费站的高速公路,按照重庆高速集团营运管理机构设置、人员编制方案的要求,5 个收费站为平级管理部门,独立管理各自的收费活动,因此各收费站需要配置独立的管理、生产、后勤人员。如果按照大站管小站管理模式,由一个收费站做大站,其他 3 个收费站为小站,采取大站管小站的方式进行管理,大站解决全线所有站点的人员住宿和办公。按照大站管小站管理模式,所需人员编制比分站式模式减少了 40 人,其中管理人员减少了 12 人。

由于高速公路沿线管理机构较多,除了收费站,还有养护工区、管理中心等机构,采用大站管小站管理模式将各类机构进行合并设置,不仅能大幅度降低管理人员数量,而且还能减少后勤和生产人员的数量,这将为高速公路的运营节约了大量的人工费、管理费及其他生产性开支。

(3)有利于人性化管理,形成富有活力的企业文化氛围

采用大站管小站管理模式进行管理,将路段的若干收费站生活区集中,将有利于整合和优化生活资源,使生活娱乐设施的功能和种类更加丰富。像重庆市的高速公路中的某些大站,为员工修建篮球场、网球场、阅览室、培训室等。集中的生活娱乐环境,还有利于形成一种团结、富有活力的企业文化氛围,有利于增强团队的凝聚力。

此外,根据以往的建设经验,高速公路集中大站通常会选择在靠近较繁华的城镇周边,以方便收费人员上下班和业余生活。比起偏远站点而言,这种设计不仅能减轻员工的心理压力,还能增强员工的工作信心,降低收费管理工作的差错率。

5.2 大站管小站(集中式)管理模式需要解决的问题

(1)如何有效解决员工准时交接班问题

在分站式管理模式下,各收费站都是采取现场办公、现场住宿的方式进行人事管理,这种模式有利于收费站人员快速、准时地进行交接班。而集中式管理模式,是将几个收费站的人员集中住宿和办公,每次交接班,都需要班车来回接送,不仅会带来时间成本,而且需要额外设置班车和驾驶员,增加接送成本。特别是距离集中站路程较远的站点,一旦发生事故造成交通堵塞等意外状况,就无法保证班车准时到达,影响交接班的时间,给管理带来一定的风险。

(2)如何解决收费站运营过程中存在的安全隐患

对于山区高速公路来说,部分收费站位于偏远山区、人迹罕至的地方,且收费车道数又少。在集中式管理模式下,偏远山区收费站往往是小站,只安排收费人员工作,人数较少,因此在值夜班等情况下就存在一定的安全隐患,如发生抢劫、盗窃、车辆冲关逃费等事件。但是,对于江綦高速来说,并不存在这一问题。

6 江綦高速运行大站管理小站模式可行性探析

6.1 运行方式

(1)车辆运行

交通车到达大站后,所管辖的三站员工集中在大站更换工作服、带上收费工具、进

行班前集合传达相应文件、通知后统一乘坐交通车送至分属工作的小站。大站分别配备站管理用车一辆,用于日常工作、小站间巡查、稽查及其他工作使用。

(2)工作运行

车道交接班后收费员进入各自站点核销室,清点钱票卡,填写核销缴款单,班长进入监控室电话远程向管理人员上报当班人员收款及票据使用情况,实行远程核销结算。结算完成后(小站和大站的人员,原则上都应该先投包,坐车到大站,再核对结算结果,再补差错及差错包),班长监督当班次人员进行电子投包(如有长短款投差错包,长卡交回大站、短卡回大站赔付)。之后乘坐交通车统一回大站。

站上所涉及学习、培训、交流及活动组织统一在大站集中进行。站管理人员应每日不定时对所管辖小站进行巡查,详见后附管理人员巡查制度。

6.2 人员管理

收费站实行"站长负责制原则",即站内所有事务站长均为第一责任人。站长负责站内所有人员工作安排、人员调动、安全管理、绩效管理、车辆使用、对外关系协调等。同时站长应及时向上级领导汇报该站人员工作情况,并尽力发掘员工潜能,为公司发展壮大献计献策。

站管理人员负责对站内员工(包括后勤劳务人员)进行相应绩效考核制度的贯彻落实。对后勤劳务人员确属表现极差的,经站管理人员一致商议,可要求劳务派遣公司更换或辞退相应人员。

6.3 绩效考核

(1)站级考核根据公司考核体系实行"站长负责制原则",上级单位及公司每季度定期将不定期各项检查纳入站级考核累加,实现团队考核,与站管理人员挂钩,绩效考核结果在年度绩效奖金中体现。

(2)个人考核(工勤人员)根据当月该员工工作情况、业绩能力、操作行为及请休假情况实行每月考核,与个人绩效挂钩。由各大站每月自行组织完成,绩效考核结果在当月绩效工资中体现。实施差别化待遇,体现多劳多得的原则。

(3)收费员工星级评定:定期进行员工星级评定,以"星级收费员评定"为载体,根据行为规范、业务技能、学习能力、获奖来确定收费人员"星级",以点带面,全面提升一线员工水平,并让队伍充分保持活力,同时通过"星级评定"提高员工待遇,让一线优秀员工也能享有较高待遇,充分调动员工的积极性和主动性。

7 实现大站管理小站的必要条件

大站管理小站模式是重庆高速公路运营管理相关部门在运营管理过程中探索出的

一种特有模式，该模式的形成主要得益于重庆高速公路在建设发展过程中具备的得天独厚的条件，主要包括体制因素、政策因素和技术因素。

7.1 体制因素

我国的高速公路建设和管理起步较晚。高速公路尚未形成统一稳定的建管体制，甚至各省市内部也是多种建管体制并存。而重庆市从直辖后就采用了集团公司体制，成立了高速集团，统一负责全市的高速公路投资建设与经营，使高速公路建设管理机构真正成为自主经营、自负盈亏的经济实体，改变了过去人浮于事的工作作风。在公司体制下，高速集团追求的是高速公路良好的社会经济效益，这使得运营公司主动去考虑高速公路管理模式的科学性、合理性和创新性，加强高速公路管理工作，降低建设运营成本。这种统一的公司体制，也有利于集中式管理模式在全国范围内推广。

7.2 政策因素

政策的推动和保障，是重庆市实行高速公路管理模式创新的重要基础。在重庆高速集团创新公路管理模式以来，相关的政策和法规也在不停地更新和完善。重庆高速集团出台的《重庆市联网收费管理办法》就提出了高速公路分站式管理和集中式管理的设站模式，就管理、养护及服务设施的规模、选址和规划等提出了具体指导意见；对营运公司的机构设置、人员编制、考核等做了统一规定；提出了集中式管理模式条件下高速公路沿线设施机构设置、人员编制的要求。这些相关政策法规的出台，细化了大站管理小站模式的各种要求，使其有章可循，最大程度地推动和保障了大站管理小站模式的实施。

8 对实行大站管小站管理模式的思考

大站管小站管理模式是提高高速公路经济效益、降低运营成本而实行的一次改革创新。虽然目前得到较为有效的推广，但随着高速公路从快速建设期逐步过渡到以建设和管养并重的发展阶段，如何突破现有模式，最大程度地追求高速公路的社会经济效益，将成为各地区高速公路持续发展的重要问题。因此，各地区高速公路经营单位以及有关部门应当意识到经营管理的重要性，结合本地实际情况，积极探索高速公路运营管理的创新，为实行和改善集中式管理模式创造条件。

同时，在探索实行集中式管理模式的时候，应当因地制宜，充分结合集中式管理和分站式管理的优势，取长补短。总的来说，应当遵循以下几个原则：

(1)时效性原则。时效性原则要求高速公路运营管理及时到位。例如，在一些主线

收费站，由于交通流量大，车道数多，所需收费人员数量也较多，建议独立设站，在收费广场旁边就近设置一处管理站，用于主线收费站人员的住宿和办公，方便及时交接班。此外还应注意，集中大站管理半径宜控制在35km范围内，超出这一范围，也不方便收费人员的接送和管理。

（2）通畅性原则。通畅性原则要求在缩减运营成本的同时保障服务质量，以确保公路畅通无阻。例如，在高速公路主干道，应当优先采用分站式模式。因为高速公路主干道，特别是国家级的干线公路，在国民经济发展中占有重要作用。这类高速公路，通常交通流量都比较大，且跨区域的远途交通运输所占比例相对较高。如果采用集中式管理模式，现场管理效能就会弱化，一旦发生交通事故，管理救援车辆很有可能无法及时赶到，从而影响主线交通运输的正常运行。

（3）安全性原则。在实行大站管小站管理模式时，应当充分考虑安全因素，不能为了集中管理而忽略人身安全和财产的安全。例如，从集中大站到小站中间不宜有隧道，因为隧道为事故集中多发点，不利于行车安全、不方便接送收费人员；又如，位于偏远山区的收费站，出于安全考虑，可设置为独立站，或者设置夜间值班室，增加保安数量。

9 结语

大站管小站管理模式为江綦高速公路创新管理提供了一次有益的尝试，也将迈出“从管理出效益、以管理促发展”的重要一步。随着高速公路的不断完善，运营管理将日益凸显其重要性，最终将成为高速公路持续发展的关键因素。